Fundamentos e Aplicações da Abordagem Centrada na Pessoa e da Psicoterapia Experiencial

Walter Andrade Parreira
Eunice Moreira Fernandes Miranda
Organizadores

Fundamentos e Aplicações da Abordagem Centrada na Pessoa e da Psicoterapia Experiencial

Artesã

Fundamentos e Aplicações da Abordagem Centrada
na Pessoa e da Psicoterapia Experiencial

Copyright © 2021 Artesã Editora

1ª Edição – 2ª Reimpressão 2023

É proibida a duplicação ou reprodução deste volume, no todo ou em parte, sob quaisquer formas ou por quaisquer meios (eletrônico, mecânico, gravação, fotocópia, distribuição na Web e outros), sem permissão expressa da Editora.

DIRETOR
Alcebino Santana

COORDENAÇÃO EDITORIAL
Michelle Guimarães El Aouar

REVISÃO
Diego Franco Gonçalves

CAPA
Karol Oliveira

PROJETO GRÁFICO E DIAGRAMAÇÃO
Conrado Esteves

F981   Fundamentos e aplicações da abordagem centrada na pessoa e da psicoterapia experiencial / organizadores : Walter Andrade Parreira , Eunice Moreira Fernandes Miranda. – Belo Horizonte : Artesã, 2021.

    208 p. ; 23 cm.

    ISBN: 978-65-86140-48-4

1. Psicologia. 2. Terapia centrada no cliente. 3. Psicoterapia experiencial. 4. Processos psicoterapêuticos. I. Parreira, Walter Andrade, 1950-. II. Miranda, Eunice Moreira Fernandes.

CDU 159.9.018

Catalogação: Aline M. Sima CRB-6/2645

IMPRESSO NO BRASIL
Printed in Brazil

📞 (31)2511-2040   📱 (31)99403-2227
🌐 www.artesaeditora.com.br
📍 Rua Rio Pomba 455, Carlos Prates - Cep: 30720-290 | Belo Horizonte - MG
📷 📘 /artesaeditora

Sumário

Prefácio 9
Dra. Marcia Alves Tassinari

Apresentação 13

CAPÍTULO 1
**A questão do diagnóstico na
Psicoterapia Centrada no Cliente** 17
Ana Maria Sarmento Seiler Poelman

1.1 Introdução 19

1.2 Contextualizando a questão 19

1.3 A natureza do processo psicoterapêutico
dispensa o diagnóstico 23

1.4 Um novo modelo de diagnóstico 25

Referências 26

CAPÍTULO 2
**A Abordagem Centrada na Pessoa
aplicada à prática psiquiátrica** 29
Rodrigo Mendes D'Angelis

2.1 Introdução 31

2.2 Psiquiatria e saúde mental 31

2.3 Contribuições da Fenomenologia 33

2.4 Contribuições da Abordagem
Centrada na Pessoa para a Psiquiatria 34

2.5 Considerações finais 37

Referências 38

CAPÍTULO 3

Conceitos e aplicabilidades da Pré-Terapia em pessoas com transtorno mental e comportamental 41

Eunice Moreira Fernandes Miranda

3.1 Introdução 43

3.2 A Pré-Terapia e o contato psicológico 48

3.3 O sistema teórico da Pré-Terapia 50

    3.3.1 Reflexões para contato 50

        3.3.1.1. Reflexão situacional 53

        3.3.1.2. Reflexão facial 54

        3.3.1.3. Reflexão palavra-por-palavra 54

        3.3.1.4. Reflexão corporal 55

        3.3.1.5. Reflexão reiterativa 56

    3.3.2 As funções de contato 62

        3.3.2.1 Função de contato com a realidade 63

        3.3.2.2 Função de contato afetivo (o self) 64

        3.3.2.3 Função de contato comunicativo 64

    3.3.3 Os comportamentos de contato 66

3.4 As alucinações e o processo Pré-Simbólico 69

    3.4.1 Estágio indicador do self 73

    3.4.2 Estágio emotivo do self 74

    3.4.3 Estágio processual do self 74

    3.4.4 Estágio integrador do self 75

3.5 As aplicabilidades da Pré-Terapia 75

    3.5.1 A aplicação da Pré-Terapia no Hospital Geral 76

    3.5.2 A aplicação da Pré-Terapia em contexto de emergência e desastre 88

3.6 Considerações finais 92

Referências 95

CAPÍTULO 4

Autismos e o olhar centrado na pessoa 99

Gisella Mouta Fadda

4.1 E uma nova criança chega à família 101

4.2 Autismos...102

    4.2.1 Autismo infantil...102

    4.2.2 Síndrome de Asperger...106

    4.2.3 O autismo na atualidade...107

    4.2.4 Autismos...108

4.3 O olhar centrado na pessoa...109

    4.3.1 O homem, uma visão humanista....................................109

    4.3.2 Um jeito de ser autista...116

    4.3.3 O encontro na relação terapêutica.................................128

    4.3.4 A compreensão empática no atendimento......................132

4.4 Considerações finais...135

Referências...141

CAPÍTULO 5

Qualidade de vida do doente crônico grave sob a ótica da Abordagem Centrada na Pessoa...........145

Vera Pouzas Torres
Eunice Moreira Fernandes Miranda

5.1 Introdução..147

5.2. Psicologia humanista e a tendência atualizante.........................150

5.3 Doença crônica..157

5.4 Qualidade de vida..158

5.5 Metodologia..159

5.6 Algumas considerações...162

    5.6.1 A trajetória do autor do livro.......................................162

    5.6.2 Sobre sua enfermidade...163

    5.6.3 Aspectos etnográficos do encontro.................................163

5.7 Análise de conteúdo...164

    5.7.1 Autonomia..164

    5.7.2 Buscando a tendência atualizante..................................166

    5.7.3 Fernando Monstrinho e a relação de ajuda.....................167

    5.7.4 Aceitação incondicional do paciente...............................168

5.8 Considerações finais...169

Referências...172

CAPÍTULO 6

Focalização: fundamentos teóricos, prática, adaptação das instruções......175

Walter Andrade Parreira

6.1 Introdução......177

6.2 Dimensões da subjetividade......178

    6.2.1 Experienciação......178

    6.2.2 Simbolização......179

6.3 *Felt Sense* — senso sentido......180

6.4 Focalização e conteúdos......183

6.5 A experienciação só ocorre no presente imediato......188

6.6 Focalização, experienciação, simbolização......191

6.7 Instruções para Focalização — uma adaptação......193

    6.7.1 — Tradução e síntese das "Instruções para Focalização", por Wolber de Alvarenga, tendo como base as instruções originais para Focalização, de Eugene T. Gendlin......194

    6.7.2 Adaptação das "Instruções para Focalização", por Walter Andrade Parreira......196

Referências......199

Os autores......201

Prefácio

Dra. Marcia Alves Tassinari[1]

O título deste livro, *Fundamentos e aplicações da abordagem centrada na pessoa e da psicoterapia experiencial*, já aponta os posicionamentos teórico-conceituais dos organizadores: de um lado uma psicoterapia fundamentada na Abordagem Centrada na Pessoa (ACP), e por outro a contribuição de Eugene Gendlin com a Psicoterapia Experiencial. Vale ressaltar que Rogers e Gendlin foram amigos e parceiros, trabalharam juntos por 11 anos, inclusive na pesquisa (inédita na época) com pacientes esquizofrênicos crônicos.

As contribuições teóricas iniciais de Gendlin foram muito bem assimiladas pelo próprio Rogers. Além disso, Gendlin agradece a inspiração fecunda de Rogers: "A graduate from his [Rogers'] program was a new kind of psychologist. Rogers made a completely fresh start. It took immense courage" (GENDLIN, 1992).[2]

Rogers (1977) declara a incorporação do conceito de experienciação/vivência, proposto por Gendlin, para redefinir a empatia como um processo:

---

[1] Psicóloga (CRP-05/1718), doutora em Psicologia (UFRJ), psicoterapeuta, professora da Universidade Santa Úrsula, onde coordena o curso de Especialização em Psicologia Clínica na Abordagem Centrada na Pessoa.

[2] "Um aluno graduado de seu programa [do Rogers] era um novo tipo de psicólogo. Rogers ofereceu um recomeço totalmente novo. Foi preciso muita coragem. " (Tradução livre).

A fim de formular a definição atual, gostaria de lançar mão do conceito de vivência, tal como foi formulado por Gendlin (1962). Este conceito enriqueceu nossas ideias de várias maneiras como veremos no decorrer deste artigo. Em resumo, ele é de opinião que durante todo o tempo se verifica no organismo humano um fluxo de vivência ao qual o indivíduo pode se voltar repetidas vezes usando-o como ponto de referência para descobrir o significado de sua existência. Segundo ele, empatia é ressaltar com sensibilidade o 'significado sentido' que o cliente está vivenciando num determinado momento, a fim de ajudá-lo a focalizar este significado até chegar à sua vivência plena e livre (p. 72).

Alguns autores consideram que as duas terapias são muito diferentes, especialmente Brodley (BRODLEY, 1994). A autora reconhece que a psicoterapia experiencial nasceu da Terapia Centrada no Cliente, mas argumenta que a psicoterapia experiencial não deve ser considerada um avanço da terapia centrada no cliente; portanto não a substitui, por duas razões:

1) A confiança no cliente como uma pessoa integral em Rogers, enquanto Gendlin enfatiza o processo experiencial do cliente, o que justifica maior defectividade na psicoterapia experiencial;
2) A importância das condições atitudinais do terapeuta em Rogers justifica a mudança na personalidade, enquanto na terapia experiencial a mudança está fundamentada nas funções de monitor, diretor ou professor na experienciação focalizada.

Dois autores, dois posicionamentos que conversam, mas criaram suas identidades. A criatividade ousada desta obra reside em colocar os dois pontos de vista para "conversarem", apresentando as especificidades de cada um, em diferentes temáticas.

A partir da inspiração de Wood (1994), ao propor uma releitura da ACP, fica mais nítido entender as aproximações e distanciamentos dos referidos autores. Wood propõe a ACP como uma abordagem com certas características, que nada mais é do que *um jeito de ser,* ao se deparar com um fenômeno. Assim, a Psicoterapia Centrada na Pessoa é um dos "galhos" da frondosa árvore da ACP e não pode ser entendida como sinônimo da ACP. A ACP é definida no campo dos valores, "no campo das predisposições ou das preferências quanto ao modo de ser, não no campo da técnica ou do modo de fazer" (AMATUZZI, 2010, p. 36). Mas não é um jeito de ser qualquer, é um jeito de ser com as características:

- uma perspectiva de vida positiva;
- uma crença numa tendência formativa direcional;
- uma intenção de ser eficaz nos próprios objetivos;
- um respeito pelo indivíduo, por sua autonomia e dignidade;
- uma flexibilidade de pensamento e ação;
- uma tolerância quanto às incertezas e ambiguidades e
- um senso de humor, humildade e curiosidade.

Os temas abordados no livro procuram refletir sobre o sofrimento humano nas dimensões pouco abordadas dentro da Psicoterapia Centrada na Pessoa, como o diagnóstico, propondo um novo olhar através da fenomenologia, justificando a possibilidade de se manter centrado na pessoa. Da mesma forma, a reflexão sobre a prática psiquiátrica direciona um olhar mais fenomenológico, distanciando-se do modelo psiquiátrico organicista. Outros capítulos propõem o entendimento à luz da ACP no terreno árido do trabalho com psicóticos, através de Garry Prouty, com autistas e doentes crônicos. A inclusão da proposta de E. Gendlin com a Focalização oferece um contorno ainda pouco explorado, propondo novo olhar sobre as "Instruções de Focalização".

Tenho certeza que os leitores serão presenteados ao acompanhar os autores nas incursões dos potentes e férteis pontos de vista.

Referências

AMATUZZI, M. M. **Rogers:** Ética humanista e psicoterapia. Campinas: Alínea, 2010.

BRODLEY, B. T. Client-centered and experiential: two different therapies. In: LIETAER, D.; ROMBAUTS, J.; VAN BALEN, R. (Orgs.). **Client-centered and Experiential Psychotherapy in the nineties**. Leuven: Leuvin University Press, 1994.

GENDLIN, E. T. Celebrations and problems of humanistic psychology. **Humanistic Psychologist**, v. 20, n. 2-3, p. 447-460, 1992. Disponível em: <http://previous.focusing.org/gendlin/docs/gol_2163.html>. Acesso em: 23 nov. 2020.

WOOD, J.K. **Abordagem Centrada na Pessoa.** Vitória: UFES, 2010.

ROGERS, C. R.; ROSENBERG, R. L. **A Pessoa como centro.** São Paulo: EPU, 1977.

Apresentação

Este livro traz, como temas, fundamentos importantes da Abordagem Centrada na Pessoa (ACP) e da Psicoterapia Experiencial, e apresenta algumas aplicações dessas duas grandes produções da Psicologia Humanista. Os artigos são escritos por profissionais da Psicologia, da Psiquiatra e da Educação e têm o propósito de subsidiar estudos, reflexões e debates sobre a teoria e prática da psicoterapia de fundamentação Humanista, Existencial e Fenomenológica.

No primeiro capítulo, *A questão do diagnóstico na Psicoterapia Centrada no Cliente*, a psicóloga e professora Ana Maria Sarmento Seiler Poelman nos traz um resgate do significado histórico da concepção do psicodiagnóstico para Rogers. Apresenta os momentos em que o criador da ACP se revela contrário à utilização do diagnóstico como pré-requisito para a psicoterapia, considerando-o desnecessário, dispensável e até mesmo prejudicial à relação terapeuta-cliente. Pois, avalia ele, conduz ao risco de comprometer o próprio processo terapêutico. Ao final, comenta a proposição de um modelo compreensivo de diagnóstico, a partir de um novo paradigma apoiado na Fenomenologia, que pode se constituir em um recurso de valor para a prática contemporânea da psicoterapia centrada no cliente, bem como para a atuação do psicólogo em equipes multiprofissionais, em serviços de saúde mental, etc.

O tema que se segue é o da *Abordagem Centrada na Pessoa aplicada à prática psiquiátrica*. Neste capítulo 2, o psiquiatra Rodrigo Mendes D'Angelis traz uma elaboração a respeito de como a prática médica em saúde mental pode se beneficiar do diálogo com os conceitos desenvolvidos por Carl Rogers. Ele aponta como, a partir dessa relação na clínica, descrições generalizadas de conteúdos sintomáticos e uma classificação meramente diagnóstica podem ser ampliadas para uma compreensão a partir do seu real significado para o paciente. Destaca a atenção à individualidade e à subjetividade e o reconhecimento dos recursos e potencialidades do ser humano como contribuições significativas que a Abordagem Centrada na Pessoa com a Fenomenologia trazem para a clínica psiquiátrica.

No capítulo 3, a professora Eunice Moreira Fernandes Miranda discorre sobre os *Conceitos e aplicabilidades da Pré-Terapia em pessoas com transtorno mental e comportamental*, apresentando o sistema teórico de Garry Prouty, que envolve um conjunto de técnicas com a qual o terapeuta facilita o contato empático com o cliente, quebrando o isolamento psicótico, possibilitando uma nova percepção daquele que sofre, e uma nova forma de se relacionar com o outro e com o mundo. Outro aspecto abordado pela autora se refere às alucinações e ao processo Pré-Simbólico, que fenomenologicamente e de acordo com Prouty esquematizam situações etiológicas que envolvem sofrimento. O trabalho terapêutico, proposto por Gendlin e desenvolvido por Prouty, visa permitir a integração da vivência alucinatória, processando-a até o ponto em que a pessoa possa relacioná-la com o conteúdo de vivências reais. Por último, a autora recorre ao relato de experiências, com o objetivo de descrever as aplicabilidades da Pré-Terapia no campo da Psicologia Hospitalar, Emergência e Desastre, e em outros contextos relacionados à assistência à saúde.

O capítulo seguinte (4) aborda uma temática sobre *Autismos e o olhar Centrado na Pessoa,* tema de estudo da psicóloga Gisella Mouta Fadda, que discute o fenômeno do autismo, apresenta as várias e diferentes faces que ele pode apresentar e aponta a importância da compreensão sobre elas para o trabalho em psicoterapia. O texto destaca a presença das atitudes facilitadoras preconizadas pela ACP como condição fundamental para esse trabalho; eis que elas possibilitarão à pessoa que se situa dentro do espectro autista experienciar uma forma de relação interpessoal que se constitui como um elemento fundante do processo de transformação da sua vida, na direção de um existir e de um *ser* mais plenos e realizadores.

O capítulo 5, *Qualidade de vida do doente crônico grave sob a ótica da Abordagem Centrada na Pessoa*, escrito pelas psicólogas Vera Pouzas Torres e Eunice Moreira Fernandes Miranda, atuantes na área da Psicologia da

Saúde e Hospitalar, nos traz uma reflexão sobre o conceito de qualidade de vida (QV) e se apoiam na "tendência à atualização", proposição central da concepção de homem de Carl Rogers, que se refere ao potencial inerente a todo ser humano, mesmo aquele submetido a limitações graves de saúde. Através da metodologia de pesquisa bibliográfica e pesquisa documental de um livro, o trabalho aponta a grande valia do real significado de QV e sua importância quando aplicada ao contexto do doente crônico grave. De outro lado, confirma a colocação da ACP de que o importante não é o caráter intrínseco das condições objetivas de saúde e de vida de uma pessoa com doença crônica grave, mas a percepção que ela tem dessas condições. Destacam a ACP como uma abordagem adequada para atuar junto a tal pessoa, contribuindo no sentido de facilitar a elevação de sua QV.

No último capítulo, intitulado *Focalização: Fundamentos teóricos, prática, adaptação das instruções*, o professor Walter Andrade Parreira discorre sobre o recurso terapêutico da "Focalização", criado por Eugene T. Gendlin. Apresenta as conceituações das dimensões da subjetividade segundo uma fundamentação experiencial — experienciação e simbolização — e ressalta a importância da distinção entre "experienciação" e "conteúdos", condição para o correto e eficaz manejo da Focalização. Comenta sobre o significado de *felt sense* (senso sentido), sobre a "Escala de Experienciação", instrumento fundamental para uma nova forma de avaliação psicológica (avaliação experiencial) e sobre o conceito de "congruência", como um critério para o que é comumente denominado de saúde mental. Destaca o fato de que a experienciação só ocorre no presente imediato e apresenta uma adaptação das "Instruções de Focalização".

A leitura do livro não requer uma ordem sequencial dos capítulos; eis que, embora entrelaçados, os seus conteúdos são independentes.

Os organizadores

CAPÍTULO 1
A questão do diagnóstico na Psicoterapia Centrada no Cliente

Ana Maria Sarmento Seiler Poelman

1.1 Introdução

A realização de diagnóstico psicológico como condição para o início de psicoterapia é assunto complexo e controvertido. Sua função e *status* no processo variam conforme a referência teórica do psicoterapeuta. Para Carl Rogers, considerar o diagnóstico como pré-requisito para a psicoterapia é concepção contrária aos princípios da Abordagem Centrada na Pessoa. Além disso, o diagnóstico é desnecessário, dispensável; pode até prejudicar a relação psicoterapeuta-cliente e comprometer todo o processo. A proposta deste texto é descrever a concepção de diagnóstico na Psicologia da época em que Rogers afirmou ser contrário a ele e refletir sobre como essa concepção pode ser atualizada no contexto da prática contemporânea da Psicoterapia Centrada no Cliente. O texto propõe ainda explicitar as circunstâncias a que Carl Rogers se referiu quando fez tal afirmativa e identificar seus fundamentos.

1.2 Contextualizando a questão

Quando se fala de diagnóstico entre psicólogos que se consideram centrados no cliente, é comum ouvir a afirmação de que não adotam esse procedimento porque *"Rogers é contra o diagnóstico".*

Tal assertiva é formulada de modo absoluto. Raramente vem acompanhada dos argumentos que a fundamentem, ou da indicação do cenário de onde ela surgiu.

A formação de Carl Rogers como psicólogo se deu no contexto da Psicologia nos Estados Unidos, nos anos 1930. A Psicologia que então se praticava era de orientação psicanalítica ou behaviorista. Foi sobre essas bases que Rogers pautou sua atividade profissional nos seus primeiros anos.

> Historicamente, a ACP nasceu na cidade de Rochester, Nova York, em meados dos anos 30. Durante essa década, Rogers inicia sua vida profissional como psicólogo, chegando a diretor de um centro de tratamento infantil, adotando como orientação de trabalho uma abordagem pragmática e eclética, **de inspiração psicanalítica e com largo uso de instrumentos diagnósticos** e aconselhamento psicológico. (BOAINAIN JÚNIOR, 1998, p. 79, destaque nosso).

Nos Estados Unidos, nos primeiros anos da década de 1940, em parte em virtude da necessidade de selecionar recrutas para a II Guerra Mundial, a criação e utilização de testes psicométricos recebeu um grande impulso. Os testes desempenhavam papel de relevo no processo de diagnóstico. Testes, interpretação a partir de referencial teórico psicanalítico e orientação diretiva faziam parte do instrumental de trabalho do psicólogo.

> Os doze anos seguintes que passei em Rochester foram altamente preciosos. Durante os primeiros oito anos, pelo menos, absorvi-me completamente no meu serviço de psicologia prática, **num trabalho de diagnóstico e de planejamento de casos de crianças delinquentes** e sem recursos, crianças que nos eram enviadas pelos tribunais e pelos serviços sociais, e realizei frequentemente, "entrevistas de tratamento". (ROGERS, 1977, p. 11, destaque nosso).

De sua permanência em Rochester, Rogers relata a experiência de trabalho solitário, um período de relativo *isolamento profissional,* em que sua preocupação era ser eficaz nos atendimentos que fazia.

Dessa época, encontra-se o relato de momentos de decepção e desencanto não só em relação às teorias e aos métodos então vigentes[3],

---

[3] A insatisfação com as teorias e o rigor do método científico então vigentes foi um dos motivos que levaram Rogers a juntar-se ao movimento iniciado por Maslow, Sutich e outros, que resultou na fundação, em 1960, de uma terceira força em Psicologia, que passou a ser denominada de Psicologia Humanista.

mas também em relação à função e atitudes do psicoterapeuta em sua prática. A aplicação de conceitos psicanalíticos ou o uso de roteiros de entrevista direcionados para a coleta de dados considerados importantes pelo entrevistador não se mostravam eficazes na prática (Rogers, 1977). Podiam resultar numa explicação coerente para determinados comportamentos ou levar a uma descrição muito completa da história de vida de seu cliente, mas não passavam de métodos *apenas superficialmente eficazes*.

Rogers começa a questionar seu modo de atuar como psicólogo e a examinar e valorizar o significado de sua experiência. Como ele mesmo afirma: "A experiência é, para mim, a suprema autoridade [...] É sempre à experiência que eu regresso para me aproximar cada vez mais da verdade, no processo de descobri-la em mim" (Rogers, 1977, p. 28).

Examinando e refletindo sobre sua experiência, Rogers conclui que:

> É o próprio cliente que sabe aquilo de que sofre, qual a direção a tomar, quais problemas são cruciais, que experiências foram profundamente recalcadas. Comecei a compreender que, para fazer algo mais do que demonstrar minha própria clarividência e sabedoria, o melhor era deixar ao cliente a direção do movimento no processo terapêutico. (Rogers, 1977, p.13).

Neste contexto, Rogers se questiona: "Deve a psicoterapia ser precedida de um diagnóstico psicológico completo do cliente e desenvolvida a partir dele?" (Rogers, 1992, p. 252).

O que fica evidente, de imediato, é que a pergunta se refere ao uso do diagnóstico no âmbito da psicoterapia, como pré-requisito dela e como ponto de partida do trabalho terapêutico.

Embora admitindo que a questão seja *complexa e desconcertante*, Rogers oferece uma resposta a ela. "O diagnóstico psicológico, **da maneira como usualmente é compreendido**, é desnecessário para a psicoterapia e pode, na verdade, ser prejudicial ao processo terapêutico" (Rogers, 1992, p. 253, destaque nosso).

Para entender o significado e alcance dessa afirmação, é necessário considerar o momento histórico em que foi formulada: o modelo de diagnóstico então praticado era o modelo médico ou o modelo psicométrico, ou seja, deve-se ter em mente a maneira *como usualmente o diagnóstico era compreendido,* na época em que Rogers assim se expressou.

Em seu livro *Terapia Centrada no Cliente*, Rogers explicita os motivos pelos quais rejeita o uso do diagnóstico tradicional, conforme o modelo médico.

Os processos que reproduzem o modelo médico:

> São baseados nas noções de doença e de cura. Nestes processos, são constantes as referências à terminologia médica: sintomas, síndromes, condições pré-mórbidas e mórbidas, etiologia, etiopatogenia, tratamento etc. A partir dos sintomas, procura-se desvendar a etiologia da doença a fim de se tomar medidas terapêuticas. Tais processos sustentam-se sobre uma concepção particular a respeito do ser humano, derivada da visão médica. (TRINCA, 1983, p. 16).

Para Rogers, o centro da psicoterapia é a pessoa e não o problema ou qualquer classificação, seja de normalidade ou de patologia; então o diagnóstico realizado conforme o modelo médico é mais que desnecessário; é contrário ao princípio fundamental de sua prática.

Outro modelo de diagnóstico também vigente nos anos 1950 é o psicométrico. A atividade diagnóstica realizada por psicólogos segundo o modelo psicométrico:

> Consiste aqui, precipuamente, na aplicação e avaliação de testes psicológicos com a finalidade de subsidiar, emprestar maior solidez ou ilustrar a apreciação clínica do psiquiatra e de outros profissionais. Os processos deste tipo, porém, acham-se historicamente superados. (TRINCA, 1983, p. 15)

Trata-se de modelo que busca descrever as forças e fraquezas do cliente quantitativamente, a partir de **fora**, segundo as referências teóricas do psicólogo e pela comparação do desempenho/comportamento do cliente com normas objetivas, estabelecidas a partir de uma amostra considerada padrão. Em oposição a esse modelo usado como condição para o início de psicoterapia, Rogers afirma:

> O terapeuta deve pôr de lado sua preocupação com o diagnóstico e sua perspicácia em diagnosticar, deve descartar sua tendência a fazer avaliações profissionais, deve cessar seus esforços em formular prognósticos acurados, deve abandonar a sutil tentação de guiar o indivíduo [...] (ROGERS, 1994 apud MOREIRA, 2013, p. 157).

Até aqui, fundamenta-se a posição de Rogers, contrária ao uso do diagnóstico, segundo o modelo médico ou o psicométrico, como pré-requisito à psicoterapia. Ambos classificam as pessoas a partir de uma referência externa, contrariando o princípio de tomar como critério o campo de experiências do cliente (e não o do terapeuta). Portanto, nem o modelo médico nem o modelo psicométrico estavam de acordo com as concepções e convicções de Rogers sobre psicoterapia.

1.3 A natureza do processo psicoterapêutico dispensa o diagnóstico

Existe ainda outro motivo que, para Rogers, torna o diagnóstico desnecessário como pré-requisito para a psicoterapia. Para esse autor, não há uma distinção essencial entre o processo de psicoterapia de uma pessoa com neurose e o de outra com psicose, nem na maneira como o psicoterapeuta se relaciona com esses clientes.

O diagnóstico do cliente, de neurose ou de psicose, não muda a natureza do processo psicoterápico, que é a oferta a ele de uma relação humana em que sua liberdade experiencial seja respeitada e as condições facilitadoras do crescimento estejam significativamente presentes.

Para Rogers, as doenças psíquicas podem ser consideradas como resultantes de um bloqueio da tendência atualizante, decorrente da retirada das condições facilitadoras do desenvolvimento. A retomada do processo de desenvolvimento se dá então pela oferta dessas condições, pela criação de relações interpessoais, como Rogers as descreveu no texto *As condições necessárias e suficientes para a mudança terapêutica* (ROGERS, 1994, p. 155).

Ao encontrar, de novo, na psicoterapia, aquelas condições, a pessoa retoma o seu processo evolutivo do ponto em que ele estava bloqueado e, assim, continua se desenvolvendo em direção a um funcionamento psicológico mais pleno.

> Na medida em que a psicose é compreendida como uma linguagem, a pessoa que está psicótica é trabalhada, na perspectiva da psicoterapia centrada na pessoa, conforme os mesmos princípios, ou seja, entendendo que esta pessoa tem uma tendência atualizante

> que se desenvolverá a partir das condições facilitadoras encontradas na psicoterapia. (MOREIRA, 2013, p.163)

É esse o princípio de funcionamento da psicoterapia, princípio universal, aplicável independentemente do quadro nosológico do cliente. É por isso que Rogers, citado por Holanda, afirma:

> Gostaria de dizer que não há diferença na relação que estabeleço com uma pessoa normal, um esquizofrênico, um paranoico — eu não sinto verdadeiramente diferenças [...] Mas me parece que se a terapia é efetiva, existe o mesmo tipo de encontro de pessoas, não importando qual seja o rótulo psiquiátrico. (ROGERS, 1986 apud HOLANDA, 1998).

Se o que importa ao processo psicoterapêutico é a qualidade do encontro terapeuta-cliente que se estabelece, então o diagnóstico é realmente dispensável.

Resta analisar ainda um aspecto da afirmação de Rogers: o de que o diagnóstico pode até ser *prejudicial* ao processo terapêutico.

Se, durante o atendimento, o psicólogo se preocupa com o diagnóstico e o mantém presente em seu campo de percepção, ele deixa de estar inteiramente disponível para acolher o cliente e mergulhar em seu (dele) campo experiencial. O diagnóstico — como um terceiro — vai interpor-se entre terapeuta e cliente, prejudicando uma escuta autêntica da experiência deste. O psicoterapeuta deixa de relacionar-se com o cliente no modo EU-TU e passa a considerá-lo no modo EU-ISSO. Então, ele se centra em si — no diagnóstico — e passa a escutar o cliente por esse viés, ou, na melhor das hipóteses, vai ficar lutando internamente consigo mesmo para deixar de lado o diagnóstico e conseguir uma compreensão empática do cliente. Daí, congruência e empatia ficarão, certamente, comprometidas e a escuta deixará de ser centrada no cliente — o que, para Rogers, é prejudicial ao processo terapêutico.

Até aqui apresentaram-se argumentos que fundamentam a rejeição do diagnóstico como condição para o início da psicoterapia e a afirmação de que ele pode ser prejudicial ao processo.

Resumindo, o diagnóstico segundo o modelo médico ou o modelo psicométrico é desnecessário como pré-requisito para a terapia porque ambos se realizam segundo princípios diferentes e até antagônicos aos da psicoterapia centrada no cliente.

Seria, portanto, incoerente da parte do psicoterapeuta adotar práticas contrárias aos princípios da psicoterapia centrada no cliente. Além disso, se os princípios que regem a relação terapeuta-cliente são os mesmos, qualquer que seja o quadro apresentado pelo cliente, o conhecimento da categoria diagnóstica em que se enquadra o cliente se torna dispensável como ponto de partida para o desenvolvimento do processo de psicoterapia.

O diagnóstico realizado pelo terapeuta como pré-requisito da psicoterapia pode ser até "prejudicial", porque interfere na disponibilidade do terapeuta para abrir-se e acolher a experiência do cliente sem qualquer julgamento *a priori*, reduzindo a possibilidade de ele ter uma compreensão verdadeiramente empática do cliente. E mais, destitui o cliente da condição de centro do processo (o centro volta a ser o terapeuta), contrariando, assim, um princípio fundamental da psicoterapia centrada no cliente.

Em 1965, em *Psicoterapia e Relações Humanas*, Rogers volta a criticar o diagnóstico tradicional, pautado no paradigma da dicotomia de normal e patológico segundo o modelo médico, e propõe uma nova concepção de diagnóstico fundada nas convicções de uma abordagem centrada no cliente: "num sentido profundamente significativo e real, a própria terapia é um processo de diagnóstico que se desenvolve na experiência do cliente, não no pensamento do clínico" (ROGERS, 1977, p. 211).

Pode-se identificar nesse texto a mudança de um paradigma de rejeição do diagnóstico para uma concepção de diagnose, não mais como categorização, mas como um processo que ocorre por meio do reconhecimento, pelo cliente, de sua própria experiência.

Virgínia Moreira, em seu livro *Revisitando as Psicoterapias Humanistas*, observa que, "No entanto, infelizmente, tal questão não foi retomada por Rogers em seus escritos posteriores" (MOREIRA, 2013, p.158).

1.4 Um novo modelo de diagnóstico

Depois de Rogers, outros autores retomaram a questão e desenvolveram mudança de paradigma, do modelo médico ou psicométrico, para um diagnóstico compreensivo, não mais como uma categorização, partindo da observação de comportamentos e utilizando parâmetros estatísticos externos ao cliente.

Essa mudança de paradigma se encontra muito bem descrita, por exemplo, no livro *O ser da compreensão — uma fenomenologia da situação de diagnóstico*, de Monique Augras, no qual a autora apresenta o modelo compreensivo de psicodiagnóstico, uma busca da construção da compreensão do sujeito, segundo o significado de suas vivências, escutando o cliente, a partir de **dentro**.

Autores como Augras (1978), Azevedo (2002) e Trinca (1983) consideram possível realizar diagnóstico a partir de um novo paradigma (MOREIRA, 2013), segundo o modelo compreensivo, baseado na fenomenologia.

Atuando em equipe multiprofissional, nos serviços de saúde mental, como estão hoje estruturados, o psicólogo sintonizado com os princípios da Abordagem Centrada na Pessoa, pode prestar contribuição valiosa para os demais integrantes da equipe e, por extensão, às pessoas atendidas, deixando registrada nos prontuários, sua compreensão das vivências do cliente, explicitando seu modo de ser no mundo, em que ponto de seu desenvolvimento ele se encontra, que feixe de significados ele constrói em si e no mundo (AUGRAS, 1978). No entanto, permanece a afirmação de Rogers de que o diagnóstico é desnecessário e pode até ser prejudicial como pré-requisito para o início do processo de psicoterapia.

Referências

AUGRAS, M. **O ser da compreensão**: fenomenologia da situação de psicodiagnóstico. Petrópolis: Vozes, 1978.

AZEVEDO, D. C. Análise situacional ou psicodiagnóstico infantil: uma abordagem humanista-existencial. In: ANGERAMI-CAMON, V. A. (Org.). **Psicoterapia fenomenológica existencial**. São Paulo: Pioneira Thomson Learning, 2002.

BOAINAIN JÚNIOR, E. **Tornar-se transpessoal**: transcendência e espiritualidade na obra de Carl Rogers. São Paulo: Summus, 1998.

HOLANDA, A. F. **Diálogo e psicoterapia:** correlações entre Carl Rogers e Martin Buber. São Paulo: Lemos, 1998.

MOREIRA, Virgínia. **Revisitando as psicoterapias humanistas**. São Paulo: Intermeios, 2013.

ROGERS, C. R. As condições necessárias e suficientes para a mudança terapêutica de personalidade. In: WOOD, John K. **Abordagem centrada na pessoa**. Vitória: Editora Fundação Ceciliano Abel de Almeida, 1995.

_____. **Terapia centrada no cliente**. São Paulo: Martins Fontes, 1992. (Original publicado em 1951).

_____. **Tornar-se pessoa**. São Paulo: Martins Fontes, 1977. (Original publicado em 1961).

ROGERS, C. R.; KINGET, M. **Psicoterapia e relações humanas**: teoria e prática da terapia não-diretiva. Belo Horizonte: Interlivros, 1977. v. 2.

TRINCA, W. O pensamento clínico em diagnóstico da personalidade. Petrópolis: Vozes, 1983.

CAPÍTULO 2

A Abordagem Centrada na Pessoa aplicada à prática psiquiátrica

Rodrigo Mendes D'Angelis

2.1 Introdução

A Psiquiatria é caracterizada como uma especialidade médica que atua na prevenção, no diagnóstico e no tratamento de pessoas acometidas por doenças psíquicas, as quais se enquadram na origem biopsicossocial proposta por George Engel (1977). Dessa forma, o exercício da especialidade psiquiátrica exige uma ação não restrita à doença, apesar do diagnóstico estar presente no planejamento terapêutico.

Para uma ampliação da atividade clínica, da resposta terapêutica e principalmente do desenvolvimento pessoal, a prática psiquiátrica necessita de recursos que abordem o cliente em sua totalidade, pois as particularidades e vivências do mesmo afetam e são afetadas diretamente pelo seu quadro psíquico.

A proposta de condutas psiquiátricas que favoreçam a adesão ao tratamento, a reinserção e recuperação do cliente, o manejo de suas vivências referentes aos sintomas, reposicionamentos, reconstruções e crescimento, com um enfoque em todo o contexto de saúde mental, pode se concretizar com a inserção da Abordagem Centrada na Pessoa (ACP) — desenvolvida por Carl Rogers e colaboradores — e a retomada fenomenológica na prática da Psiquiatria.

2.2 Psiquiatria e saúde mental

A doença mental traz em sua história questões que a colocam sob os olhares de diversas áreas e ciências, como a medicina, a psicologia, a sociologia e a filosofia.

No processo histórico dessa dimensão dos transtornos mentais, houve a transição de um componente místico e religioso para uma ciência natural e o nascimento da Psiquiatria (MIRANDA-SÁ JÚNIOR, 2010).

Em um contexto de desenvolvimento científico, houve a categorização e classificação de comportamentos, reações e sintomas, com Philippe Pinel sendo um precursor da considerada busca do resgate da razão em indivíduos excluídos socialmente, devido a suas alterações psíquicas.

Mas, para esse processo, a Medicina se apoiou no conceito de doença e sintomas contra um olhar sobrenatural que incidia sobre os transtornos mentais (EY; BERNARD; BRISSET, 1981). As classificações diagnósticas se estruturaram e se debateram entre o método analítico--descritivo (categorização e sistematização a partir do agrupamento de sintomas, em um caráter descritivo) e explicativo-sintético (classificação por etiopatogenia), além da inserção de componentes psicológicos e subjetivos no histórico das explicações para o adoecimento psíquico (MIRANDA-SÁ JÚNIOR, 2010).

Para que a doença mental não fosse classificada como exclusivamente física, como as demais, foi necessário considerá-la como uma patologia que afeta o sujeito em sua condição humana, com um comprometimento das relações e construções pessoais (EY; BERNARD; BRISSET,1981).

Em uma perspectiva de que "a saúde é um estado de completo bem-estar físico, mental e social e não apenas a ausência de doença ou enfermidade"(OMS, 2009, p. 1), há a necessidade de uma clínica ampliada (BRASIL, 2010), na qual a remissão de sintomas não contempla o estado de saúde, mas sim se associada à construção e reconstrução do sujeito nos componentes biológicos, sociais, culturais, políticos, econômicos, profissionais em que ele se insere, com o agrupamento de ações preventivas, terapêuticas, de reabilitação e de *recovery*, o qual, em descrições de Davidson, Rakfeldt e Strauss (2010), inclui a pessoa se refazer, construir e se exercer, apesar do adoecimento e estigmas.

A demanda por tratamento pode ter início no sintoma, mas o cliente não pode ser reduzido à sua queixa e, dentre as abordagens para a sua recuperação diante da patologia, está seu desenvolvimento pessoal. É como se ele buscasse a cura para o seu mal psíquico e encontrasse a necessidade do seu crescimento em relação a outras esferas de sua vida, o que afetaria diretamente o seu quadro clínico — que seria, então, considerado como um componente da sua saúde.

Portanto, no exercício da clínica psiquiátrica, há a necessidade de considerar as particularidades vivenciadas pela pessoa em relação aos seus sintomas e suas dimensões no seu campo fenomenológico.

2.3 Contribuições da Fenomenologia

Uma forma de exercer a dimensão da clínica psiquiátrica seria avaliar os sintomas e as queixas do cliente por meio do olhar da Fenomenologia. Assim se retoma as vivências, objetos e situações em si mesmas, valorizando as particularidades inerentes e provenientes daquilo em que se observa e não a partir do observador.

A tendência de categorização da Psiquiatria, com a classificação em bloco das patologias, favorece o diagnóstico e propostas terapêuticas organicistas, mas as particularidades da pessoa em relação a seu quadro clínico e suas reações aos acontecimentos de sua vida — que explicitam o conteúdo de seus sintomas e individualizam a abordagem terapêutica destinada a ele — ficam prejudicadas.

Nessa perspectiva, duas pessoas com um relato de sintomas aparentemente semelhantes podem apresentar categorias clínicas diferentes ou por elas serem diferentemente afetadas e, portanto, suas queixas devem ser abordadas pelo profissional com a observação de como elas vivenciam aquilo de que se queixam em dimensões como relacionamento, espaço, tempo e corpo.

Dessa maneira, a avaliação dos sintomas nas vivências de quem os sofre retoma a Fenomenologia na Psicopatologia. O trabalho vinculado dessas duas áreas já se encontra possível de inserção na Psiquiatria por meio de autores como Karl Jaspers (1979).

Um olhar fenomenológico do psiquiatra contribui no reconhecimento do sintoma ao considerar as experiências do cliente diante de seu quadro clínico.

Esse seria um resgate da clínica psiquiátrica, que não estaria reduzida a descrição de sintomas esvaziada das vivências e a seu consequente risco de ações pautadas em diagnósticos que desconsideram o complexo de alterações envolvidas, as quais podem ser apresentadas ao profissional por meio das experiências relatadas pela pessoa em tratamento.

Alteração de humor está presente em variadas vivências ou quadros psiquiátricos e não é critério, se isolada, para conclusão de um diagnóstico de transtorno afetivo bipolar; relato de tristeza não caracteriza depressão, e apesar daquela se apresentar nesta, no transtorno depressivo há outras alterações psíquicas associadas: insegurança, medo, lamento e angústia podem estar presentes em pessoas com transtornos de ansiedade mesmo se alguns de seus sintomas estiverem em remissão e, portanto, se tais vivências não forem consideradas e abordadas, não se promoverá saúde.

Esses exemplos ilustram a necessidade da dimensão vivencial associada à sintomática, seja para diagnóstico ou para terapêutica em uma ampliação da clínica.

As condutas médicas e o diagnóstico psiquiátrico poderão ser mais complexos e precisos diante da individualização das queixas do cliente e do resgate da Fenomenologia ao considerarem o conteúdo sintomático não como universal, mas como a pessoa o vivencia e lhe fornece significados, pois, segundo Heidegger (1991, p. 76):

> A redução transcendental a esta subjetividade dá e garante a possibilidade de fundar na subjetividade e através dela a objetividade de todos os objetos (o ser deste ente) em sua estrutura e consistência, isto é, em sua constituição.

2.4 Contribuições da Abordagem Centrada na Pessoa para a Psiquiatria

Uma aplicação prática fenomenológica na clínica psiquiátrica pode ser feita com as propostas da Abordagem Centrada na Pessoa.

A Psiquiatria tem a sua ação ampliada se houver um resgate da pessoa e da sua subjetividade, mantendo um olhar sobre a categorização diagnóstica e sobre o patológico como uma parte do tratamento. A prioridade estaria no encontro com os recursos pessoais (adormecidos) de quem é atendido pelo profissional, o que facilitaria e beneficiaria a recuperação em relação à doença.

Ey, Bernard e Brisset (1981) apontam que a relação entre médico e paciente se caracteriza como essencial pela necessária base intersubjetiva na clínica, com um nível favorável de comunicação e compreensão. A entrevista psiquiátrica, para os referidos autores, não seria apenas para um recurso diagnóstico, mas já um encontro psicoterápico.

Empatia, aceitação e congruência são atitudes facilitadoras, propostas por Carl R. Rogers (1957). Essas condições, necessárias para o progresso individual e terapêutico, favorecem a relação entre profissional e cliente e a prática médica – desde a anamnese ao diagnóstico e terapêutica – já que o modelo biomédico seria substituído por uma ampliação clínica.

Ressalta-se que a crítica ao diagnóstico e o seu potencial de afetar a relação terapêutica e a autonomia do cliente, no processo psicoterapêutico baseado na Abordagem Centrada na Pessoa, não impede a inserção dessa proposta humanista na clínica psiquiátrica, pois, segundo Rogers (1992, p. 264), mesmo que as pessoas estejam em um processo de crescimento:

> Alguns tipos de indivíduos podem precisar de internação hospitalar, outros talvez necessitem de algum tipo de terapia medicamentosa, e em condições psicossomáticas pode-se utilizar uma variedade de auxílios médicos.

A terapia medicamentosa, internação e muitos auxílios médicos partem de sintomas ou diagnósticos, mas lidar com eles de forma a trazer a participação da pessoa adoecida, compreender suas reais queixas subjetivas e vivenciais que se vinculam ou não ao diagnóstico e considerar como tudo aquilo afeta sua autoimagem e o que a cerca em sua rotina é uma forma de expansão clínica na real dimensão daquilo que se caracteriza como saúde. Não seria um dos pontos de conciliação da Psiquiatria com a proposta de Carl Rogers?

Para além da psicoterapia, a Abordagem Centrada na Pessoa, na prática psiquiátrica, promove uma relação construtiva entre profissional e cliente por meio da compreensão do que acomete aquele que está em tratamento, com sua maior autonomia e coparticipação, além do aprofundamento nos dados relatados em consulta e consequente auxílio nas ações profissionais.

Adesão e uma postura ativa de quem está em acompanhamento psiquiátrico, em seu processo de recuperação, são promovidos e incentivados pelas atitudes facilitadoras do profissional na sua construção em saúde.

A empatia seria compreender a vivência da pessoa atendida diante de uma situação. Não se caracteriza por uma presunção do que alguém sente diante de algo, mas o que particularmente ele vivencia a respeito disso, em sua dinâmica.

Uma consideração positiva retira o profissional de uma condição de julgamento e propicia uma construção em conjunto das propostas terapêuticas. Associada a uma postura empática do profissional, ela contribui com a relação terapêutica para o exercício de uma clínica que valorize o trabalho sobre as variáveis que interferem na saúde de quem é atendido pelo psiquiatra.

Não apenas remissão de sintomas, mas também reposicionamentos e reconstruções no tratamento necessitam de abordagem de determinantes da saúde no campo fenomenológico da pessoa. Além disso, considerar de forma empática aquilo que afeta e é afetado pelos sintomas, como a pessoa atendida sofre interferência do processo de adoecimento em suas atividades e rotina, a sua aceitação dos recursos terapêuticos e a sua vivência diante do uso de medicamentos e do diagnóstico favorecem uma coparticipação no tratamento.

O exercício da Psiquiatria pautado na congruência gera, no profissional, o reconhecimento de sentimentos e vivências provocados por seus valores, julgamentos e conflitos pessoais que podem interferir na construção em conjunto no tratamento. Ética, ações profissionais e técnicas estarão presentes, inclusive ao não se desconsiderar a participação de quem está em tratamento no seu projeto terapêutico.

Para lidar com os variados sentimentos nessa intersubjetividade, o profissional necessita de uma "autoempatia" ao reconhecer suas vivências e em como elas se apresentam na clínica. Dessa forma, a congruência também estará na prática psiquiátrica, inclusive para que o conhecimento e técnica não hierarquizem a relação de forma a anular a subjetividade do outro no processo.

A resposta-reflexo (ROGERS, 1977) por meio da reiteração, reflexão de sentimentos ou elucidação é uma forma de construção das atitudes facilitadoras na clínica.

A reiteração é um retorno, feito pelo profissional, do conteúdo expresso por aquele em atendimento, com consequente demonstração de um acompanhamento daquilo que o cliente está expressando. Isso permite que a pessoa relate, progressivamente, o que ele experiencia diante dos seus sintomas. Os dados também subjetivos nas suas queixas não estarão reduzidos a um relato sintomático imparcial e, isso, contribuirá para ações clínicas construídas em conjunto dentro das particularidades apresentadas.

Considerar o sentimento que acompanha um fato narrado e refleti-lo para quem o expressa coloca a pessoa consciente do que aquilo lhe desperta, com consequente promoção de ações diante da situação.

Perceber os sentimentos qualifica a queixa e a torna mais precisa na sua caracterização e na sua consequência na dinâmica psíquica da pessoa. Com isso, há um maior recurso nas definições diagnósticas e condutas, inclusive se haverá ou não prescrição de medicamentos e solicitação de intervenções de outras áreas.

Elucidar qual a dinâmica e distorção de um sentimento e vivência diante de um fato coloca a pessoa em contato consigo e mais segura de seus atos. Isso traz resultados clínicos, terapêuticos, de reabilitação e *recovery* diante das modificações no quadro, queixas, vivências e construções pessoais.

Portanto, a resposta-reflexo promove as atitudes facilitadoras e consequentemente ajudam na anamnese, na adesão a tratamento, no esclarecimento psicopatológico e em decisões terapêuticas.

A interação e relação terapêutica construtiva devem estar presentes na clínica e, mesmo se a comunicação estiver prejudicada devido a posturas, sintomas e quadros psiquiátricos, há recursos a serem empregados como a Pré-Terapia (PROUTY; WERDY; PORTNER, 2002) ou os recursos desenvolvidos por Rogers, Gendlin e colaboradores (1967) com clientes com diagnóstico de esquizofrenia. Portanto, não há o impedimento à intersubjetividade no exercício profissional.

Em fatores psicodinâmicos na clínica, o desvio do processo natural de desenvolvimento culmina com alterações psíquicas na pessoa e atinge sua subjetividade, com secundárias peculiaridades em seus sintomas na clínica psiquiátrica, que apenas poderão ser decifradas e explicadas por quem as sofre.

O contato do cliente com suas experiências, de forma livre e sem julgamentos, permite a compreensão e canalização autêntica de seus sentimentos, ações e reações em relação ao problema e ameaças que o cercam (ROGERS, 1992).

Como o conjunto sintomático está vinculado também a fatores psicológicos — além da possibilidade dos fatores orgânicos — a Abordagem Centrada na Pessoa oferece recursos para a Psiquiatria.

2.5 Considerações finais

Os conceitos desenvolvidos por Carl R. Rogers e colaboradores na ACP conferem a necessária valorização da subjetividade e da vivência do paciente e, associada a uma abordagem fenomenológica, promove uma maior compreensão do adoecimento e consequente contribuição para a clínica psiquiátrica.

A partir de uma Abordagem Centrada na Pessoa, os conteúdos descritivos dos sintomas presentes nos manuais clínicos psiquiátricos não ficariam superficiais e generalizados nos atendimentos médicos. O conjunto sintomático seria decifrado a partir do seu real significado para o cliente, que não teria sua dimensão restrita a uma classificação diagnóstica. Isso afetaria positivamente as condutas e ações clínicas na prática psiquiátrica.

A atenção à individualidade e às formas como a pessoa vivencia suas queixas, a humanização das ações, uma forma de ação fenomenológica e o reconhecimento da possibilidade de desenvolvimento pessoal inerente a qualquer indivíduo estão presentes na Abordagem Centrada na Pessoa e podem trazer grandes benefícios à anamnese, ao exame psíquico e à definição de ações terapêuticas, diagnósticas e preventivas da clínica psiquiátrica.

Referências

BRASIL. Ministério da Saúde. Secretaria de Atenção à Saúde. **Política Nacional de Humanização da Atenção e Gestão do SUS**. Clínica ampliada e compartilhada. 1. ed. Brasília: Ministério da Saúde, 2010.

DAVIDSON, L.; RAKFELDT, J.; STRAUSS, J. **The roots of the recovery movement in psychiatry**: lessons learned. 1. ed. Wiley-Blackwell, 2010.

ENGEl, G. L. The need for a new medical model: a challenge for biomedicine. **Science**, v. 196, n, 3, p. 129-136.

EY, H.; BERNARD, P.; BRISSET, C. **Manual de Psiquiatria**. Tradução de Paulo Cesar Geraldes, Sonia Ioannides. Supervisão de Paulo Cesar Geraldes, Ulysses Vianna Filho. 5ª Ed. Rio de Janeiro: Editora Masson do Brasil Ltda, 1981. 1257 p.

HEIDEGGER, M. **Conferências e escritos filosóficos**. Tradução de Ernildo Stein. 4ª ed. São Paulo: Nova Cultural, Coleção Os pensadores, v. 5, 1991.

JASPERS, K. **Psicopatologia geral**: psicopatologia compreensiva, explicativa e fenomenologia. 2.ed. Rio de Janeiro: Atheneu,1979. v.1.

_____. **Psicopatologia geral:** psicopatologia compreensiva, explicativa e fenomenologia. 2.ed. Rio de Janeiro: Atheneu,1979. v.2.

MIRANDA-SÁ JÚNIOR, L. S. de. **O diagnóstico psiquiátrico ontem e hoje. E amanhã?** Rio de Janeiro: ABP Editora; 2010. 624 p.

OMS — Organização Mundial de Saúde. **Constitution of the world health organization.** [online] Disponível em: http://whqlibdoc.who.int/hist/official_ records/constitution.pdf. Acesso em: 27 out. 2019.

PROUTY, G.; WERDE, D. V.; PORTNER, M. **Pre-therapy:** reaching contact impaired clients. 10. ed. Pccs Books, 2002. 191 p.

ROGERS, C. R. **Terapia centrada no cliente.** Tradução de Cecília Camargo Bartalotti. São Paulo: Martins Fontes, 1992.

_____. The necessary and sufficient conditions of therapeutic personality change. **Journal of Consulting Psychology.** Chicago, v. 21, n. 2, 1957, p. 95-103.

ROGERS, C. R. et al. (Orgs.). **The therapeutic relationship and it's impact:** a study of psychotherapy with schizophrenics. Wisconsin: University Press, 1967.

ROGERS, C. R.; KINGET, M. **Psicoterapia e relações humanas:** teoria e prática da terapia não diretiva. 2 ed. Belo Horizonte: Interlivros, 1977. v. 1.

_____. **Psicoterapia e relações humanas:** teoria e prática da terapia não diretiva. 2 ed. Belo Horizonte: Interlivros, 1977. v 2.

CAPÍTULO 3

Conceitos e aplicabilidades da Pré-Terapia em pessoas com transtorno mental e comportamental

Eunice Moreira Fernandes Miranda

3.1 Introdução

Meu primeiro contato com a Pré-Terapia ocorreu em São Paulo no seminário *Pré-Terapia: um trabalho com clientes esquizofrênicos e deficientes mentais*, promovido pelo Instituto de Psicologia da Universidade de São Paulo (USP) e pelo Núcleo Paulista da Abordagem Centrada na Pessoa, em agosto de 1990.

Naquela época, buscava-se uma oportunidade para compreender melhor o que fazer diante do sofrimento humano e do alienamento psicológico procurando conhecer novos recursos a serem utilizados diante de situações de crise, que permeavam a minha prática enquanto psicóloga clínica e hospitalar[4].

No referido seminário, de imediato, houve um encantamento pelas ideias do professor Garry Prouty que demonstrava ser sensível e envolvido com o ser humano, principalmente por aqueles que estavam em processo de sofrimento psíquico. Para ele, muito do sofrimento vivido por essas pessoas era desnecessário e poderia ser evitado. Surgiu daí uma admiração por ele e pelo método da Pré-Terapia, que surgia no cenário brasileiro como uma possibilidade para que os profissionais de saúde pudessem estabelecer contato com clientes, que, para muitos teóricos, eram inabordáveis.

---

[4] O Hospital Geral, apesar de ser um contexto diferenciado do Hospital Psiquiátrico, é também um local onde muitas vezes ocorrem situações de crise, incluindo crise do tipo psicótica com sintomas psicopatológicos e indicadores de psicose e transtornos correlatos.

Prouty (1936-2009) era doutor em Psiquiatria, professor de Psicologia e de Saúde Mental no Prairie State College, membro honorário do Centro de Psicoterapia e *Counseling* de Chicago e diretor da Rede Internacional de Pré-terapia. Dedicou-se à prática e à pesquisa com clientes internados em hospitais psiquiátricos públicos e à clínica particular. Deixou uma vasta contribuição, que assim como Carl Rogers, teve um alcance inimaginável. "A criação da Rede Internacional de Pré-Terapia por Jill, sua esposa, em Amsterdã, em 1995, e as reuniões anuais em Gent, na Bélgica, por mais de 10 anos, com profissionais vindos de toda a Europa (Alemanha, Bélgica, Itália...), dão a dimensão do alcance e da importância do seu trabalho" (MORATO, 1990; WERDE, 2009).

De acordo com Morato,

> a originalidade e qualidade das experiências vividas bem como a profundidade e atualidade das questões levantadas por Prouty, durante o seminário em São Paulo, possibilitaram a oportunidade para novas reflexões e discussões para aqueles que se dedicam ao trabalho com a população psiquiátrica institucionalizada ou não e que se preocupam em repensar as condições desse trabalho e suas possibilidades de mudança na realidade brasileira. (MORATO, 1990, p. 2).

Em 1994, Prouty publicou o livro *Theoretical Evolutions in Person-Centered/Experiental Therapy: applications to schizophrenic and retarded psychoses*. Em 2001 foi editada uma versão portuguesa, *Evolução Teórica na Terapia Experiencial Centrada-na-Pessoa*, pelo Gabinete de Aconselhamento, terapia e formação — Lisboa, Portugal (GAFT). Infelizmente está esgotada e, por isso, pretendo trazer, neste trabalho, alguns excertos de sua obra para favorecer a compreensão da aplicação da Pré-Terapia, demonstrando como abordar a maior dificuldade para o estabelecimento de uma relação terapêutica, principalmente no caso de clientes que sofrem com a falta de contato psicológico.

Em sua obra, Prouty menciona que a finalidade do livro era "apresentar a evolução teórica e clínica necessária para estender a abordagem Experiencial/Centrada na Pessoa a clientes esquizofrênicos e aos que sofrem de atraso mental" (PROUTY, 2001, xxxi). Na primeira parte ele faz uma revisão e interpretação das principais teorias de Rogers e

Gendlin, discutindo sobre as diferenças clínicas e teóricas entre os dois, principalmente em relação à interpretação dos seus principais conceitos: "Rogers explica a teoria primeiramente como um construto do terapeuta — as atitudes. Gendlin explica a terapia principalmente como um construto do cliente — o processo de Experienciação" (PROUTY, 2001, p. 31). Menciona também as limitações existentes para a utilização das teorias e da prática de ambos (Rogers e Gendlin) em trabalho com clientes profundamente regredidos ou com capacidade funcional reduzida.

Seu ponto de partida foram as colocações teóricas de Carl Rogers (1957) sobre a Terapia Centrada no Cliente (Condições necessárias e suficientes para a mudança terapêutica da personalidade) bem como as reformulações teóricas de Eugene Gendlin[5] sobre o processo de experienciação (MORATO, 1990; PROUTY, 2001).

Foi a partir da revisão do Projeto[6] de Psicoterapia com Esquizofrênicos na Universidade de Wisconsin, do qual participaram Rogers e Gendlin, que Prouty iniciou suas pesquisas para encontrar um método que possibilitasse aos profissionais o estabelecimento ou restauração do contato com pacientes que apresentavam alguma desordem de contato, buscando com isso criar condições para a ocorrência de processo terapêutico. Rogers e Gendlin documentaram, no projeto de Wisconsin, a aplicação do relacionamento e do experienciar na psicoterapia com clientes esquizofrênicos (PROUTY, 1990).

Prouty menciona que

> o aprendizado a partir deste estudo tornou aparente que indivíduos severamente perturbados tem dificuldade em perceber a compreensão empática e consideração positiva incondicional pretendida pelo terapeuta. O contato empático não é estabelecido e o processo terapêutico é dificultado (TSAKANIKA, 1987 apud PROUTY, 1990, tradução nossa).

---

[5] Gendlin descreveu sua teoria experiencial da psicoterapia em termos de uma fenomenologia organísmica e afirmou que experienciar é um processo concreto, sentido corporalmente. Ele foi um dos colaboradores mais próximos de Rogers, e membro pesquisador do projeto de psicoterapia com esquizofrênicos em Wisconsin (MIRANDA; FREIRE, 2012).

[6] O projeto de Wisconsin foi um estudo pioneiro no trabalho com esquizofrênicos, na ACP, que tinha por objetivo verificar quais ações do terapeuta eram fundamentais para que o processo terapêutico ocorresse.

Em termos das principais estruturações de relação e experienciação, eles concluíram empiricamente que, apesar das atitudes do terapeuta, os pacientes tinham um nível muito baixo de compreensão dessas atitudes fundamentais e não havia qualquer movimento significativo no processo de experienciação, durante a terapia com clientes esquizofrênicos (Prouty, 1990).

Rogers observou que os clientes tendiam a ser massivamente silenciosos ou engajavam em uma contínua conversação, que nem sempre revelava o que se passava com eles (Prouty, 2001).

> Nossos indivíduos esquizofrênicos tendem a afastar-se de uma relação, seja pelo silêncio quase completo — que se estende muitas vezes por diversas entrevistas — seja por um fluxo excessivo de palavras que é igualmente eficiente para impedir um verdadeiro encontro. (Rogers, 1976, p. 216).

A hesitação de Rogers no que diz respeito aos clientes com atraso mental, combinada com as descobertas empíricas do projeto de Wisconsin no âmbito da esquizofrenia, bem como suas limitações teóricas relativas ao conceito de contato psicológico, ditaram a necessidade de uma revisão do pensamento centrado na pessoa e da prática (Prouty, 2001).

O que pôde ser constatado através do estudo de Wisconsin levou Gendlin a formular teoricamente a esquizofrenia como um experienciar preso (Prouty, 1990):

> Minha concepção da doença: não é sobre o que está lá, mas o que não está aqui. O processo experiencial interativo está ausente, paralisado, morto em velhas e paralisadas feridas, e em desconexão com o mundo. A psicose é a redução ou a cessação do processo de interação dos sentimentos e eventos. (Gendlin apud Prouty, 1990, tradução nossa).

Essas questões relativas à problemática do relacionamento e experiência na psicoterapia com esquizofrênicos colocaram uma barreira no tratamento experiencial centrado na pessoa, promovendo algumas reflexões que impulsionaram o trabalho de Prouty, demandando uma mudança de perspectiva nas questões metodológicas e teóricas.

Prouty, analisando o trabalho desenvolvido por Rogers na psicologia clínica e observando que muitos clientes esquizofrênicos não tinham condições de manter relações terapêuticas, questionou: "Quais são as condições necessárias para constituir uma relação?" (PROUTY, 2001, p.44), e ainda: quais são as pré-condições para que ocorra uma relação terapêutica?

Da mesma forma, após analisar o conceito de experienciação e verificar que os clientes esquizofrênicos pareciam ser incapazes de estabelecer o seu processo de experienciação, ele questiona: Qual é a condição necessária para que ocorra o processo de experienciação; quais funções psicológicas têm que estar ativas para que o cliente acesse a sua própria experiência e para que consiga se relacionar com o mundo e com os outros? (PROUTY, 2001). Para responder a estas perguntas Prouty adota as perspectivas fenomenológicas acerca de como experienciamos o fenômeno.

> Para a fenomenologia, o fenômeno com o qual estamos em contato pode ser entendido como dividido em três aspectos: o mundo ou a realidade, os outros e a si mesmo. As funções psicológicas que nos possibilitam contactarmos e relacionarmos com esses três aspectos do fenômeno são chamadas por Prouty de 'Funções de contato'. A perda parcial ou total dessas funções seriam os indicadores de um contato psicológico deteriorado, ou indicadores de psicopatologia. No entanto, Prouty, em vez de considerar essa perda de contato como uma deficiência, estima-a como um potencial de um eu que pode evoluir de um nível "pré-expressivo" (fora de contato) para um nível "expressivo" (em contato). (CAMPOS, 2008).

Prouty afirmou que as condições necessárias e suficientes de Rogers[7] aponta-nos o caminho. O contato psicológico é a condição necessária para a psicoterapia. É a base para o desenvolvimento da Pré-Terapia (PROUTY, 2001, p. 45). Ao refletir sobre as pré-condições necessárias para que ocorra a relação terapêutica e a experienciação, chega-se na gênese da Pré-Terapia; "a busca clínica de uma forma de tratamento para aqueles que não podem usar inteiramente os processos de relação e experienciação" (PROUTY, 2001, p. 45).

---

[7] Rogers estabeleceu seis condições necessárias e suficientes para a promoção das mudanças construtivas da personalidade na relação terapêutica e dentre elas se destaca a necessidade de que duas pessoas estivessem em contato psicológico.

3.2 A Pré-Terapia e o contato psicológico

A Pré-Terapia representa uma evolução no método e teoria centrada no cliente e pode ser compreendida como uma teoria do contato psicológico que se fundamenta no conceito de contato psicológico, de Carl Rogers, e no conceito de ego, da Gestalt-Terapia (PERLS, 1969 apud PROUTY, 2001). Segundo Perls, o ego tem uma função de contato (PROUTY, 1990, 2001). "O resultado dessa fusão é a consideração do contato psicológico como uma 'função necessária' e 'pré-condição' para uma relação terapêutica" (CAMPOS, 2008).

> A Pré-Terapia é o desenvolvimento ou o restabelecimento das funções necessárias para a relação terapêutica e a experienciação. Delineada em termos gerais, a Pré-Terapia *desenvolve as capacidades psicológicas necessárias para a psicoterapia*. Ajuda aqueles clientes cujas funções psicológicas necessárias para o tratamento estão enfraquecidas. (PROUTY, 2001, p. 45).

"Seu objetivo teórico e clínico específico é restaurar ou desenvolver o 'contato psicológico' com clientes isolados ou 'fora de contato', que não são acessíveis à psicoterapia ou programas de auxílio"[8] (PROUTY; CRONWALL, 1990, tradução nossa). É indicada para pessoas cuja habilidade para estabelecer e manter o contato psicológico está diminuída, deteriorada ou ausente, seja por uma doença, transtornos ou sequelas, sem importar se sua origem é de ordem psicológica ou orgânica. Por essa razão, Prouty usou o prefixo "pré", que denota uma condição prévia. Sendo assim, a Pré-terapia é uma tentativa metodológica para desenvolver ou restaurar essas condições necessárias para que *a posteriori* a pessoa consiga se beneficiar de uma psicoterapia, de algum programa de reabilitação ou que possa estar em contato com a realidade suficiente para estar em relação.

Nesse cenário, o psicoterapeuta trabalhará com uma pessoa profundamente regredida. Sabe-se que se o paciente não tem nenhum contato com a realidade, então o terapeuta não pode se relacionar. Se o terapeuta se aproxima e o cliente não consegue se comunicar, não

---

[8] Social, vocacional, educacional.

há relação. Se o terapeuta aborda o cliente e não consegue entrar em contato com sua experiência emocional, não há psicoterapia. O terapeuta precisa de algum tipo de contato com o cliente para que ocorra a relação: necessita de um contato afetivo e, também, de uma forma de comunicação.

Prouty destaca que muitos doentes com esquizofrenia ou com outros distúrbios psicóticos, incluindo pessoas com distúrbios do desenvolvimento intelectual estão, para a psicoterapia clássica, em acentuada regressão; são autistas, estão isolados e sem contato. É como se estivessem inacessíveis aos cuidados psicológicos, muitas vezes aparentando não ter capacidade para qualquer tipo de relação humana (PROUTY, 1990, 2001; PROUTY; CRONWALL, 1990). Ele descreve três *deficit* observados nesse tipo de paciente: contato afetivo, contato com a realidade e contato comunicativo. Aponta como causa "à institucionalização prolongada, sedação exagerada, 'retirada' psicológica e isolamento social" (PROUTY, 1990, tradução nossa).

> Estas funções psicológicas[9] emergem como condições necessárias para terapia para estas populações. Sem contato com a realidade estes clientes não podem compartilhar um mútuo 'aqui-agora' com o terapeuta. Sem contato afetivo os clientes não podem ter acesso à sentimentos ou emoções. Sem contato comunicativo os clientes não podem ser verbalmente expressivos. (PROUTY, 1990, tradução nossa).

Isso evidencia que, se o cliente tem contato com a realidade, contato afetivo e uma forma de se comunicar, é possível que ocorra a relação terapêutica. Dessa forma, a Pré-Terapia pode ser entendida como um pré-relacionamento, uma forma de entrar em contato com o indivíduo. Ela entende o contato psicológico como sendo o foco principal. A Pré--Terapia é uma tentativa metodológica para desenvolver ou restaurar as condições necessárias que esses clientes não têm. Se essas funções forem facilitadas, a psicoterapia pode progredir. No entanto, na realidade, muitos desses clientes não são capazes de entrar num processo afetivo introspectivo. (PROUTY, 1990).

---

[9] Contato com a realidade, contato afetivo e contato comunicativo.

3.3 O sistema teórico da Pré-Terapia

O contato psicológico é o principal construto teórico da Pré-Terapia e foi operacionalizado em três partes (Reflexões para contato, Funções de contato e Comportamentos de contato) como um sistema teórico interdependente (PROUTY, 1990, 2001; PROUTY; CRONWALL, 1990).

Reflexões para Contato[10] centra-se nos aspectos pré-expressivos, pré-verbais e primitivos do comportamento do cliente. É um conjunto de técnicas com a qual o terapeuta facilita o contato com o cliente.

Funções de Contato relaciona-se com o contato com a realidade, afetivo e comunicativo que são as funções psicológicas necessárias para que se estabeleça a relação entre duas pessoas.

Comportamentos de contato referem-se a comportamentos específicos observados durante a aplicação da Pré-Terapia. Como resultado da reflexão para contato e da facilitação das funções de contato demonstra se o cliente é mais expressivo, isto é, se houve ou não a mudança de um nível pré-expressivo para um nível expressivo.

3.3.1 Reflexões para contato

Esse tipo de trabalho que o terapeuta faz são maneiras especiais para entrar em contato com o cliente e que tem a função de desenvolver o contato psicológico entre o terapeuta e o cliente, quando este não é capaz de estabelecer o contato com a realidade, afetivo e comunicativo. São aplicadas quando o paciente apresenta algum tipo de desordem de contato, seja com a realidade, comunicativo e/ou afetivo (PROUTY, 2001).

De acordo com Prouty

> As reflexões para contato são concretas, naquilo que elas têm de extraordinariamente literal e repetitivo. São reveladoras de empatia para com a particularidade concreta e específica dos esforços do cliente, relativamente à expressão e comunicação. (PROUTY, 2001, p.47, tradução nossa).

---

[10] Na versão portuguesa (PROUTY, 2001), está como *reformulação para contato*. Optou-se aqui por manter a forma como foi passado por Prouty no Seminário na USP.

Elas centram-se nos aspectos pré-expressivos, pré-verbais e primitivos, do comportamento expresso pelo cliente e ajudam a desenvolver o contato psicológico (PROUTY, 2001).

Por serem repetições literais, duplicativas e concretas, partindo do que está sendo expresso pelo cliente, esse tipo de intervenção pode parecer muito simplista para quem está em contato com a realidade e com as funções egoicas preservadas. Mas Prouty[11] afirma que ela é de grande valia para aqueles em que o mundo não é uma *Gestalt* organizada, e que apresentam alguma desordem de contato (esquizofrênico, autista, pessoa com lesão cerebral, etc.). Por isso as reflexões para contato não devem ser feitas de forma mecânica. É preciso usar das atitudes facilitadoras ao aplicá-las. "As três atitudes facilitadoras constituem uma ajuda na facilitação do acesso a este mundo interior, quer por parte do terapeuta quer por parte do cliente" (PROUTY, 2001, p. 16). O terapeuta precisa:

a) ter pelo cliente uma consideração positiva incondicional de cada aspecto da experiência do cliente, numa atitude de calor, acolhida, respeito e aceitação, sem emitir julgamento de valor. "Ele pode aceitar no seu íntimo os sentimentos do cliente. Pode abrir-se ele próprio e experiencialmente receber. O cliente está vivo dentro dele; as experienciações do cliente são interiorizadas" (PROUTY, 2001, p. 9).

b) perceber o mundo do cliente com empatia, buscando compreendê-lo empaticamente. Pietrzak[12] faz uma observação de que a técnica da Pré-Terapia é simples, mas a prática inerente a ela é difícil. Sua ênfase é no contato empático, porém ele tem um *focus* diferente do quadro de referência interno do cliente. Busca-se compreender os aspectos pré-expressivos da sua experiência. O terapeuta pode observar diretamente o rosto do cliente, ver e sentir a emoção do cliente (PROUTY, 2001). Ele precisa se colocar como suporte, para que o cliente entre em contato com o mundo, ao invés de puxá-lo para o seu próprio mundo.

---

[11] Seminário *Pré-Terapia: um trabalho com clientes esquizofrênicos e deficientes mentais*, promovido pelo Instituto de Psicologia da USP e pelo Núcleo Paulista da Abordagem Centrada na Pessoa, em agosto de 1990.

[12] Coordenador do estudo piloto sobre Pré-Terapia (PROUTY, 2001, p. 59).

c) Estar congruente na relação com o cliente. "Se o terapeuta não estiver aberto à experiência de si mesmo, isto é, se ele estiver defensivo, se sentindo ameaçado, a sua genuinidade não será terapêutica" (TAMBARA; FREIRE, 1999, p. 87).

> Sentir os próprios sentimentos é importante na terapia, porque liberta o terapeuta (Zucconi, 1984). Liberta-o da tensão provocada pelo bloqueio de sentimentos e faz com que ele se sinta mais confortável e tranquilo. O terapeuta fica menos auto defensivo e mais disponível para o cliente. Isto é particularmente importante, quando um sentimento psicótico do cliente perturba o terapeuta. Já muitas vezes manifestei medo perante clientes violentos. A congruência ajudou o cliente no contato com a realidade, tocando a parte mais sensível da pessoa. (PROUTY, 2001, p. 14).

Sem as atitudes facilitadoras o trabalho torna-se mecânico e consequentemente vazio, sem sentido. O trabalho tem que vir de dentro do terapeuta, principalmente porque a escuta psicológica com clientes com esquizofrenia ou outros transtornos psicóticos é diferente, e inicia-se com a aplicação das reflexões para contato. São cinco as Reflexões para Contato: 1. Situacional; 2. Facial; 3. Palavra-por-palavra; 4. Corporal; 5. Reiterativa.

Quadro 1. Função psicológica das Reflexões para Contato

Tipo	Função psicológica
Situacional	Desenvolvimento ou restauração do contato com a realidade.
Facial	Desenvolvimento ou restauração do contato afetivo ou existencial com o *SELF.*
Palavra-por-palavra	Restauração ou desenvolvimento do contato comunicativo, onde ele é pior ou ausente.
Corporal	São direcionadas ao "senso corporal" e auxiliam o cliente em um contato generalizado com a realidade "aqui-agora".
Reiterativa	É essencialmente um recontato utilizando reflexões previamente bem-sucedidas. Auxilia no efeito interativo do contato e no processo da experiência.

Fonte: elaborado pela autora.

3.3.1.1. Reflexão situacional

"As reflexões relativas à situação, ao ambiente ou ao meio em que o cliente se move inserem-se no contato situacional" (PROUTY, 2001, p. 47). Geralmente é a primeira reflexão a ser feita. O terapeuta precisa estar atento ao contexto em que o cliente está inserido, e aos fatores externos e buscar compreender o que pode estar sendo percebido pelo cliente, numa tentativa de estabelecer o contato com a realidade.

Prouty, para ilustrar a prática da Pré-Terapia, apresenta a situação clínica de um cliente de 13 anos em surto psicótico e estado catatônico profundo, que foi atendido em sua casa, no Canadá, e demonstra como ocorre a aplicação dessa técnica. O atendimento foi realizado por um terapeuta assistente, no porão da casa que era o local onde o cliente se encontrava (era a parte mais baixa de uma casa de três andares). "O doente estava sentado num sofá comprido, muito rígido, com os braços e até mesmo os ombros esticados. Os olhos olhavam para frente, o rosto parecia uma máscara e as mãos e os pés estavam de um azul acinzentado" (PROUTY, 2001, p. 63). Nessa situação, o terapeuta iniciou a abordagem fazendo reflexões situacionais na tentativa de ajudar o cliente a estabelecer o contato com a realidade. "Ouço as crianças brincarem. Está muito frio aqui. Ouço pessoas conversando na cozinha. Estou sentado com você no porão da sua casa. Ouço o cachorro latindo" (PROUTY, 2001, p. 63, tradução nossa).

A Pré-Terapia pode ser aplicada em qualquer lugar. Imaginemos que o cliente esteja dentro de uma sala. O que acontece no aqui e agora desse cliente? Interage com algum objeto? Se o cliente olhar ou entrar em contato com algum objeto que está na sala, pode ser que ele tenha alguma significação psíquica para ele. O que acontece ao redor desse ambiente? Há presença de pessoas, objetos, animais? É dia ou noite? Faz frio ou calor? O que a pessoa está fazendo naquele exato momento? Ao observar o contexto onde o cliente está inserido, o terapeuta faz a reflexão situacional, refletindo o que ocorre naquele momento, buscando facilitar o contato existencial do cliente com a realidade. Exemplos de reflexões situacionais: — Você está dentro de uma sala; — Você está olhando para a mesa; — Você está segurando a cadeira; — Escuto barulho de carros lá fora; — Está frio aqui dentro; — A luz está acesa.

3.3.1.2. Reflexão facial

São reflexões que o terapeuta faz, verbalizando o afeto implícito na face do cliente. Ao refletir, o terapeuta auxilia o cliente a expressar sentimentos pré-expressivos e ele passa a ter contato com o que sente, ocorrendo gradativamente o desenvolvimento ou restauração do contato afetivo.

> O contato facial delineia a reflexão do que transparece no rosto. Muitos clientes psicóticos e com atraso mental não experienciam neles próprios o sentimento ou a emoção, devido ao isolamento psicológico... (PROUTY, 2001, p. 47, tradução nossa).

Esse isolamento pode ser decorrente da despersonalização causada por institucionalização prolongada e excesso de medicação. É como se o indivíduo se tornasse vazio, morto, sem o sentimento do eu, desconhecendo os próprios sentimentos. Essas pessoas "levam a sua existência num estado de autismo emocional, entorpecimento ou ausência. Muitas vezes, o sentimento existe, numa forma pré-expressiva, no rosto" (PROUTY, 2001, p. 47). "As reflexões faciais podem tomar a seguinte forma: 'Parece triste' ou 'parece assustado' [...] 'Pelo seu rosto, parece que está feliz'. O terapeuta, 'inter-humaniza' a emoção ou o sentimento do cliente" (PROUTY, 2001, p. 47), ajudando a desenvolver ou restaurar o contato afetivo ou existencial com o *SELF*.

3.3.1.3. Reflexão palavra-por-palavra

Muitos clientes com esquizofrenia podem apresentar uma diminuição da função mental (cognitiva) sofrendo de algum tipo de desordem de comunicação, evidenciando a desorganização do pensamento. Em suas manifestações orais eles transitam de um assunto para outro, deixando a fala sem sentido. Às vezes a fala torna-se incoerente, devido ao uso de neologismos[13], ecolalia[14] ou salada de palavras, prejudicando substancialmente a comunicação efetiva. O mesmo pode ser verificado em pessoas com distúrbios psicóticos e com deficiência intelectual, que

---

[13] Palavra criada na própria língua ou adaptada de outra.

[14] Repetição sem sentido, involuntária de uma canção, frase ou palavra recém-escutada.

pode apresentar um tipo de linguagem não adequada, o que torna a comunicação problemática (PROUTY, 1990, 2001).

As reflexões palavra-por-palavra "são uma repetição literal, 'acolhedora' de palavras simples, fragmentos de palavras ou fragmentos de significado que a cliente expressa" (PROUTY, 2001, p. 48). Muitas vezes a fala é incoerente, mas é composta por palavras coerentes, fazendo com que o discurso se torne coerente, depois incoerente, coerente, incoerente, e assim por diante (PROUTY, 2001). O cliente pode, na sua fala, intercalar palavras incoerentes com coerentes. Por exemplo: blá-blá-blá, casa, blá-blá-blá, árvore. Nesses casos, a linguagem coerente (casa e árvore) deve ser refletida (PROUTY, 1990, 2001). Todas as vezes que o cliente se expressar socialmente, a linguagem deve ser refletida. Se o cliente emite algum barulho idiossincrático (por exemplo, o barulho de uma buzina), o terapeuta pode repeti-lo, na tentativa de fazer a pessoa entrar em contato com a realidade, respondendo ao mundo vivido do cliente, entrando em seu mundo.

Essas reflexões desenvolvem ou restauram o discurso funcional e auxilia o cliente a experimentar o *self* como um comunicador, desenvolvendo o contato existencial com o outro.

3.3.1.4. Reflexão corporal

Para a aplicação da Pré-Terapia, o terapeuta pode usar de palavras ou o próprio corpo para entrar em contato com o mundo vivido do cliente. Entramos empaticamente no mundo dele, ao invés de puxá-lo para o nosso. Não é intrusivo. Seguimos o método de expressão para o cliente, sem machucá-lo, compartilhando a sua existência.

As reflexões corporais são reflexões literais ou verbais do estado corporal do cliente. As pessoas com esquizofrenia podem apresentar o comportamento catatônico, que é uma redução acentuada na forma de reagir ao ambiente:

> Varia da resistência a instruções (negativismo), passando por manutenção de postura rígida, inapropriada ou bizarra, até a falta total de respostas verbais e motoras (mutismo e estupor). Pode, ainda, incluir atividade motora sem propósito e excessiva sem causa óbvia (excitação catatônica). Outras características incluem

movimentos estereotipados repetidos, olhar fixo, caretas, mutismo e eco da fala. (APA, 2014).

Há duas formas de se fazer a reflexão corporal: de forma duplicativa e de forma verbal.

a) Duplicação empática: ocorre quando o terapeuta repete os gestos do cliente, usando seu próprio corpo. Prouty e Cronwall relatam parte do atendimento do cliente "X", que tinha depressão e deficiência intelectual e cujo principal comportamento na terapia consistia em fazer crer que dirigia um carro imaginário. Seus braços e suas mãos ficavam como se estivesse segurando um volante. Ele fingia que rodava o volante, inclinando o corpo para o lado até tocar o chão com a mão, ombro ou braço. O terapeuta, com seu corpo, refletia os movimentos do cliente, rodando o seu próprio volante e repetindo todos os gestos (PROUTY; CRONWALL, 1990 apud PROUTY, 2001). O terapeuta estabelece o contato físico, empático através da comunicação não oral, sem recorrer às palavras.

b) Reflexão corporal verbal: o terapeuta reflete a postura catatônica ou o movimento do cliente, por exemplo: "O seu braço está no ar. O seu corpo está rígido".

É possível também, ao terapeuta, fazer simultaneamente a duplicação empática e a reflexão corporal verbal, isto é, ele pode dizer "o seu braço está no ar e ao mesmo tempo repetir o gesto do cliente. Essas formas de reflexões corporal ou verbal ajudam o cliente experienciar o seu corpo 'ele mesmo' ou experienciar ele mesmo" (PROUTY, 2001, p. 49, tradução nossa).

3.3.1.5. *Reflexão reiterativa*

É essencialmente um re*contato*: após um contato bem-sucedido com o cliente, o terapeuta repete a reflexão feita anteriormente (situacional, facial, corporal e/ou palavra-por-palavra). Baseia-se no seguinte princípio: "A repetição do contato psicológico aumenta a possibilidade de desenvolver uma relação ou de facilitar a experienciação" (PROUTY, 2001, p. 49). Essa é uma maneira de estar junto com o paciente regredido, quebrando seu isolamento, restaurando o mundo, o *self*, e o outro para ele. "A Pré-Terapia, ao utilizar as reflexões para contato, contribui para diminuir a expressão psicótica e facilitar a comunicação mais realista onde tem lugar o mundo, o *self* ou o outro" (PROUTY, 2001, p. 49, tradução nossa).

Prouty (2001) demonstra a utilização da Pré-Terapia em uma intervenção de crise (reação psicótica) de um paciente com alto grau de retardo mental e diagnóstico de esquizofrenia, sem uso de medicação. Essa situação clínica tem um foco especial na simbolização corpórea. O cliente era um dos sete clientes de um hospital-dia e havia saído para um passeio com outros pacientes. Estava sentado no banco de trás do ônibus. Quando o terapeuta olhou pelo retrovisor, viu o cliente enrolado no banco com um braço esticado por cima da cabeça. Tinha o terror estampado no rosto e a voz projetava-se numa escalada de gritos. A terapeuta[15] parou o ônibus fora da estrada, e pediu ao ajudante que tirasse as outras pessoas do veículo. Sentou-se ao lado da cliente, partilhando o mesmo lugar. A cliente estava com os olhos fechados e tremia de medo, demonstrando ter passado por algum episódio psicótico no ônibus. (Ver chave de reflexão do terapeuta em nota de rodapé)[16].

> A Cliente: (*em voz alta*) Está me puxando para dentro.
>
> A Terapeuta: [RPP] Está me puxando para dentro.
>
> A Cliente: (*continuando a escorregar pelo banco, com o braço esquerdo esticado. Os olhos continuavam fechados.*)
>
> A Terapeuta: [RC] Seu corpo está escorregando pelo banco. Tem o braço no ar.
>
> A Terapeuta: [RS] Nós estamos no ônibus. Você está sentado ao meu lado.
>
> A Cliente: (*Grita*).

---

[15] Todos que saíam com os pacientes para alguma atividade tinham um treino em Pré-Terapia.

[16] RPP – Reflexão palavra-por-palavra.
RC – Reflexão corporal.
RS – Reflexão situacional.
RF – Reflexão facial.

A Terapeuta: [RF] Você está gritando, Carol.

A Cliente: Está me puxando para dentro.

A Terapeuta: [RPP] Está te puxando para dentro.

A Terapeuta: [RS] Carol, nós estamos no ônibus. Você está sentada ao meu lado.

A Terapeuta: [RF] Alguma coisa está te assustando. Você está gritando.

A Cliente: *(Grita)* Está me sugando.

A Terapeuta: [RPP] Está te sugando.

A Terapeuta: [RS/RC] Nós estamos no ônibus, Carol. Você está sentada ao meu lado. Tem os braços no ar.

A Cliente: *(Começou a soluçar intensamente. Os braços caídos o colo.)* Era o aspirador.

A Terapeuta: [RPP] Era o aspirador

A Cliente: *(Estabelece o contato visual direto)* Ela fazia aquilo com o aspirador *(E continuou num tom de voz normal.)* Pensei que tinha passado. Ela costumava ligar o aspirador, quando eu me portava mal, e punha o tubo em cima do meu braço. Eu pensava que aquilo me sugava. *(Soluçando menos)*.

A Terapeuta: [RPP] O seu braço ainda está aqui. Não foi aspirado pelo aspirador.

A Cliente: *(Sorriu e se apoiou na terapeuta)*. (PROUTY, 2001, p. 69).

Todos os dias Carol beijava e esfregava o braço até o cotovelo e esfregava-o continuamente, sem que as pessoas compreendessem o motivo. O braço estendido era uma pré-expressão da mãe colocando o aspirador no braço dela numa simbolização corporal. As reflexões para contato possibilitaram que a terapeuta entrasse na realidade, na comunicação afetiva e no corpo, fazendo contato com a cliente (ponte). "Naquele dia, mais tarde, realizou-se uma sessão de psicoterapia e a cliente começou a remexer nos seus sentimentos sobre o castigo recebido enquanto criança. Deixou de beijar e afagar o braço" (PROUTY, 2001, p. 69).

Esse excerto mostra como a Pré-Terapia como uma forma de intervenção em situação de crise: possibilitou à cliente lidar com o episódio crítico sem recorrer à medicação, sem precisar ser contida e nem isolada. Através de um processo humano ela pôde ser capaz de experienciar a relação existente entre o ato de passar a mão e beijar o braço, e a vivência traumática da infância, de ameaça, demonstrando bem os fundamentos da simbolização corporal.

Prouty (2001) comenta (e exemplifica – Cliente X) sobre a possibilidade de usar de espelhos, brinquedos ou outros materiais, durante o atendimento, para ajudar na simbolização. Menciona que às vezes o autista usa tinta ou giz para fazer contato com o mundo. Se o paciente, na sessão, brinca somente com um objeto, esse é o seu contato com o mundo. O terapeuta coloca as reflexões para contato ao redor dessa estrutura. A partir do objeto, ele pode fazer reflexões para contato: a) [RF] você sorri quando se pinta de vermelho; b) [RS] Você está brincando com a bola; c) [RC] Você balança seu corpo quando se pinta (PROUTY, 1990).

Além do esforço que o terapeuta faz para estabelecer contato com o cliente, observa-se que o cliente também se esforça para se contatar com o mundo. Dessa forma, Prouty[17] concebe o esforço como o ponto central da Pré-Terapia. Para entrar no mundo do cliente é preciso entrar nessa relação. Se o cliente "brinca com uma garrafa" o terapeuta necessita entrar no mundo garrafa do cliente.

> Muitas vezes, escutar e devolver o conteúdo da comunicação do cliente é uma ajuda importante, porque o conteúdo pode ser estranho ou irreal. Por vezes, o cliente fica ansioso com estas comunicações devido à dificuldade do terapeuta em compreender e estabelecer empatia. É reconfortante para o cliente, quando o terapeuta transmite exatamente o que ele disse. Além do mais, tal como Gendlin (1970) diz, nestes clientes o afeto está ausente ou 'congelado'. Muitas vezes, o conteúdo das comunicações é a única 'entrada' possível. A reflexão dessas comunicações pode também dar ao cliente alguma segurança psicológica, desde que não envolva diretamente o sentimento. Estes clientes têm muitas vezes medo de experienciar ou comunicar as suas emoções. (PROUTY, 2001, p. 17, tradução nossa).

[17] Seminário *Pré-Terapia,* São Paulo, 1990.

Diante do cliente, o terapeuta precisa deixar o evento se desenvolver como ele é, sem preocupar com a cognição e compreensão, pois ele é um evento interpessoal. É preciso entrar no vazio, na solidão do paciente para formar um vínculo humano[18]. Isso é existencialmente importante.

A Pré-Terapia é tão delicada e problemática como qualquer tipo de comunicação humana, então não se pode partir do pressuposto de que o contato com o outro sempre será possível. É preciso responder ao momento fenomenológico e estar atento ao comportamento apresentado pela pessoa para buscar o estabelecimento do contato.

> O terapeuta provavelmente desconhece a experienciação psicótica, isto é, o medo para além do real, a sensação do irreal, o terror alucinatório e ilusionário, a experiência do corpo em deformação etc. Como o terapeuta não vivencia a experiência psicótica, tem que a assimilar, sentindo-a gradualmente por dentro. Neste caso, é exigida uma empatia para a perda da percepção de si próprio e a perda da realidade – isto é a perda do *ego*. (PROUTY, 2001, p.13).

Por estarmos em contato com a realidade, com o mundo e com os outros, essas experiências não são fáceis de identificar, visualizar, sentir ou comunicar, pois estão para além das nossas identificações habituais (PROUTY, 2001).

Um aspecto importante na Pré-Terapia é buscar a compreensão total do fenômeno psicótico. "Ao captar uma alucinação, primeiramente é exigido do terapeuta a percepção do que é para o cliente a presença da alucinação" (PROUTY, 2001, p. 12, tradução nossa). Isso requer do terapeuta uma sensibilidade quanto à percepção da espacialidade e temporalidade da experiência visual e auditiva: observar para onde o cliente dirige o seu olhar, suas reações corporais, etc. Exige ainda do terapeuta a compreensão rigorosa da experienciação: sentir a percepção de realidade que o cliente tem daquela visão. "É necessário que o terapeuta reconheça, como se fossem seus, o espaço percebido, o movimento, o tamanho, a forma, a cor, as sombras luminosas e outros pormenores percebidos" (PROUTY, 2001, p. 12-13).

---

[18] Prouty, no Seminário *Pré-Terapia,* São Paulo, 1990, menciona que tentar se relacionar com uma pedra pode nos dar a dimensão da experiência do autismo, da frustração da comunicação, da expressão muda.

As experienciações de tempo e espaço são, frequentemente, diferentes. Um cliente diz-se aterrorizado porque o tempo parou. Outro sente-se horrorizado porque o quarto está tremendo. O fenômeno do tempo é mais lento durante os estados de depressão e mais acelerados nos episódios maníacos. O fenômeno do espaço é muitas vezes diferente nos estados alucinatórios porque a alucinação ocupa espaço literal. (HAVENS, 1962 apud PROUTY, 2001, p. 60).

"A empatia pela experiência temporal e espacial é muito importante na abordagem dos clientes em estado regressivo crônico. Muitas vezes, eles têm medo do contato. A espacialidade ganha uma dimensão sensível" (PROUTY, 2001, p. 60). Se o terapeuta se aproxima do cliente e ele se retrai, essa aproximação pode ser sentida como uma ameaça e corre-se o risco de romper a estruturação da relação. O terapeuta precisa ter o cuidado de não ser invasivo, e ser sensível a um limite de espaço.

Outro aspecto importante é respeitar o ritmo do cliente, que pode demorar muito para chegar a um estado expressivo. Alguns clientes fazem *hum, hum*, vagarosamente. O terapeuta aproxima-se lentamente demonstrando compreender a questão da temporalidade. O tempo do contato é também uma dimensão sensível. Fazer várias reflexões para contato, seguida e rapidamente, pode confundir o cliente e até afastá-lo. Por outro lado, poucas reflexões para contato, expressas em um ritmo lento, podem originar a perda do contato. Em casos de clientes que apresentam uma maior produção de linguagem, mesmo falando algo que não pode ser compreendido, é importante que o terapeuta mantenha-se fazendo as reflexões palavra-por-palavra. Se o cliente é mais rápido, o terapeuta também o é. "É importante compreender que o terapeuta está entrando num 'mundo fenomenológico' e que é necessário ser empático para as estruturas experienciais daquele mundo" (PROUTY, 2001, p. 60-61).

No atendimento realizado no Canadá, mencionado anteriormente, foram necessárias 12 horas de aplicação da Pré-Terapia para que houvesse a resolução do estado catatônico e o desenvolvimento do contato comunicativo, sem o uso de medicação e de eletroconvulsoterapia. Este paciente estava em estado catatônico profundo, e havia se afastado para a parte mais baixa da casa. Anteriormente, ele tinha sido diagnosticado com várias patologias, dentre elas a esquizofrenia catatônica. Já tinha passado por tratamento farmacológico e eletrochoque. Tinha perdido bastante peso, não verbalizava e estava congelado numa mesma posição, a ponto de apresentar cianose de extremidade, devido à insuficiência circulatória. Nesse caso as reflexões para contato foram realizadas a cada cinco ou dez minutos.

> No caso de pacientes com estado catatônico agudo, onde quase não existe verbalização ou até movimentos corporais, as reflexões para contato devem ser feitas a cada cinco ou dez minutos, dando tempo para que a pessoa permaneça um momento com a resposta e tenha espaço para talvez responder. [...] pode durar desde uns poucos minutos até uma jornada de muitas horas tentando estabelecer e manter o contato. (CAMPOS, 2008).

Ao final da Pré-Terapia o cliente já estabelecia contato visual e comunicativo. A partir das reflexões para contato, o terapeuta conseguiu um contato suficiente para que o cliente tivesse sua função de realidade, afetiva e comunicativa restaurada. O cliente começou a caminhar pela fazenda onde morava, na companhia do terapeuta, conversando normalmente sobre os animais daquele local e apresentando bom nível de contato visual.

Para aqueles clientes que estejam oscilando entre as funções pré-expressivas e expressivas, pode-se usar as reflexões para contato e os reflexos de sentimentos da abordagem rogeriana (PROUTY, 2001).

A técnica utilizada (reflexão para contato) é um meio de estabelecer um contato empático: entrar em contato com a pessoa quebrando o isolamento psicótico. Este é um sistema teórico e as reflexões para contato constituem a primeira parte. Existem mais duas partes que é função de contato e comportamento de contato.

3.3.2 As funções de contato

"Em termos psicológicos, as funções de contato representam uma expansão do conceito de contato como uma função do ego, de Perls" (PROUTY, 2001, p.50). Elas são descritas em três níveis de conhecimento funcional: 1. Contato com a realidade (MUNDO); 2. Contato afetivo (SELF); 3. Contato comunicativo (OUTRO).

3.3.2.1 Função de contato com a realidade[19]

"Refere-se à capacidade das pessoas de se sentirem parte do mundo" (CAMPOS, 2008). É o conhecimento literal de pessoas, lugares, coisas e eventos[20].

> Se descrevermos o mundo como o experienciamos concretamente, reparamos que vivemos com coisas. O nosso mundo é um campo temático infinito de coisas. As coisas fazem parte da nossa existência vivida. Nós abrimos portas, atiramos bolas, cheiramos flores, tocamos nas pedras, utilizamos torradeiras, vemos com luz elétrica. As coisas são uma parte definida do nosso sentido de realidade. (PROUTY, 2001, p. 50).

O mundo é coisável: nós como seres humanos encontramos e vivemos com coisas. Além de coisas, ele é composto também por lugares. O contato com a realidade inclui a consciência de onde estamos, pois tudo acontece em algum lugar, meu espaço, seu espaço, eu estou aqui, você está ali: são significados de lugar. "A espacialidade é uma parte concreta da nossa realidade. As pessoas e as coisas estão ligadas ao espaço. [...] O lugar é uma parte profunda do nosso sentido de realidade" (PROUTY, 2001, p. 50).

O contato com a realidade envolve também a consciência do tempo em que vivemos. Ele é uma parte concreta da nossa realidade (PROUTY, 2001).

Além do mundo como eu o vivencio, o mundo também possui eventos corporais. Se eu falo, isto é um evento. Se as luzes acendem, isto é um evento.

O mundo que nos rodeia também é composto por pessoas e por seres vivos, que estão por todo lado e que são uma parte concreta do nosso sentido de realidade. "Mesmo vivendo sozinhos numa ilha, existem pessoas na nossa cabeça. Comunicaremos com elas. As pessoas são uma parte concreta do nosso sentido de realidade" (PROUTY, 2001, p. 50).

"As pessoas, os lugares, as coisas e eventos são as temáticas concretas, contudo infinitas, do nosso *existir-no-mundo*" (PROUTY, 2001, p. 51, tradução nossa).

---

[19] Na versão portuguesa (PROUTY, 2001), está como *contacto com o real*.

[20] Na versão portuguesa (PROUTY, 2001), *eventos* é colocado como *acontecimentos*.

3.3.2.2 Função de contato afetivo (o self)

É a forma como respondemos ao mundo e ao outro (PROUTY, 2001). Se origina da consciência do estado de humor[21], sentimentos e emoções, de uma pessoa, que são formas diferentes, concretas e fenomenológicas do afeto, "implicando uma conexão com o próprio organismo como uma parte inerente da nossa existência" (CAMPOS, 2008).

a) Estado de humor – é um afeto que é difícil de captar ou compreender, difuso e geral. Eu estou com um humor depressivo e não sei por quê: sentido vago, usado para algo mais indiferenciado. "Falta-lhe um '*focus*' definido" (PROUTY, 2001, p. 51, tradução nossa).

b) Sentimento – É um afeto mais marcado, que se compreende mais facilmente e que tem um *locus* específico. "Surge como resposta ao acontecimento em si. Eu sinto isto ou aquilo sobre isto ou aquilo" (PROUTY, 2001, p. 51). Por exemplo, uma pessoa, ao dizer que está triste porque perdeu a sua mãe e agora não a tem por perto para cuidar dela, revela sentimentos específicos sobre uma determinada situação. É algo exato, nítido e mais detalhado.

c) Emoção – É uma reação psíquica que surge em face de determinada circunstância ou objeto, traduzindo-se, por vezes em modificação no ritmo respiratório, etc. "A minha reação emocional é de fúria, se alguém atacar o meu filho ou a minha mulher" (PROUTY, 2001, p. 51).

3.3.2.3 Função de contato comunicativo

Diz respeito à capacidade de simbolizar o mundo e a si mesmo para o outro, que é outra dimensão do contato existencial. O contato comunicativo está relacionado com a linguagem social e permite o contato psicológico com o outro. "Nós exprimimos nosso pensamento numa linguagem. Nós falamos através de uma linguagem. Nós criamos, usando uma linguagem" (PROUTY, 2001, p. 52, tradução nossa).

---

[21] Na versão portuguesa (PROUTY, 2001), está como *estado de espírito*.

A deficiência ou ausência dessas três formas de existência de *ser-no-mundo* implicaria um eu em estado 'pré-expressivo' e, em seus níveis mais deteriorados evidenciariam o que Prouty (1994) chama de autismo existencial (Campos, 2008).

A situação clínica seguinte (extraída de Greenberg; Watson; Lietaer, 1998, p. 392) possibilita a compreensão de como as reflexões para contato podem facilitar as funções de contato comunicativo, afetivo e com a realidade.

Dorothy era uma cliente idosa, com diagnóstico de esquizofrenia crônica e com longo tempo de hospitalização. Era uma das pacientes mais regredidas da enfermaria. Ela emitia alguns sons e nem sempre era possível distinguir as palavras. (Ver chave de reflexão do terapeuta em nota de rodapé)[22].

> Ela estava resmungando alguma coisa (como fazia habitualmente). Desta vez, consegui perceber algumas palavras naquela confusão. Refleti apenas as palavras que consegui perceber com clareza. Passados cerca de dez minutos, ouvi uma frase completa.
>
> Cliente: venha comigo.
>
> Terapeuta: [RPP] Venha comigo. (*Dorothy conduziu-me até à porta da sala de visitas. Ficamos em pé ali, em silêncio, durante o que pareceu ser um tempo muito longo. Como eu não podia me comunicar com ela, observei os movimentos do seu corpo e cautelosamente os refleti.*)
>
> Cliente: (*Dorothy colocou a mão na parede.*) Fria.
>
> Terapeuta: [RPP/RC] (*Coloquei a minha mão na parede e repeti a palavra.*) Fria. (*Dorothy estava segurando a minha mão o tempo todo, mas quando eu refletia, ela apertava mais. Ela começou a murmurar fragmentos de palavras. Tive o cuidado de refletir apenas as palavras que conseguia entender. O que ela estava dizendo começou a fazer sentido*).
>
> Cliente: Não sei mais o que é isto" (*tocando a parede* [contato com a realidade].*) As cadeiras e paredes não significam mais nada para mim.* [Autismo existencial].

---

[22] RPP – Reflexão palavra-por-palavra.

RC – Reflexão corporal.

Terapeuta: [RPP/RC] *(Tocando a parede)* Você não sabe mais o que é isso. As cadeiras e as paredes não significam mais nada para você.

Cliente: *(Dorothy começou a chorar* [contato afetivo]. *Depois de um tempo ela começou a falar outra vez. Desta vez ela falou claramente* [contato comunicativo].*)*

Cliente: Eu não gosto daqui. Sinto-me tão cansada... tão cansada.

Terapeuta: [RPP] *(toquei-lhe levemente no braço, e desta vez fui eu quem apertei fortemente a mão dela. E refleti)* Você está cansada, tão cansada.

Cliente: *(a paciente sorriu e me pediu para sentar em uma cadeira de frente a ela e começou a fazer uma trança no meu cabelo).*

Durante o atendimento, Doroty tinha uma fala pré-expressiva, murmurava e tocava a parede. Estabelecia contato com o mundo através da parede, que parecia sem significação. A partir das reflexões para contato, ela pôde chorar a falta de significado daquilo que estava sentindo. Considerando que é uma pessoa idosa, internada há uns 20 anos e todo o processo de despersonalização gerado pela hospitalização, pode-se dizer que ela perdeu o contato com o mundo vivo. Ao estabelecer o contato com o mundo, afetivo e comunicativo, abriu-se um caminho para a relação. Dessa forma pode-se afirmar que as reflexões para contato facilitam as funções de contato.

3.3.3 Os comportamentos de contato

Esta terceira parte do sistema teórico de Prouty refere-se às manifestações comportamentais emergentes do contato com a realidade, afetivo e comunicativo, que são observadas durante a aplicação da Pré-Terapia e que, após análise quantitativa, demonstram o resultado e eficácia dessa técnica. É a parte operacional do contato psicológico, provando cientificamente, que as reflexões para contato facilitam as funções de contato, o que leva à manifestação de comportamentos emergentes e observáveis (PROUTY, 1990, 2001).

No estudo realizado por Prouty, os comportamentos de contato foram medidos através da expressão da realidade, do afeto e da comunicação, e demonstraram a mudança do cliente de um nível pré-expressivo para um nível expressivo. Para isso foi organizada uma escala de Pré-Terapia contendo as três dimensões a serem observadas: **Dimensão I – a realidade**, **Dimensão II – O afeto** e, **Dimensão III – a comunicação**.

Quadro 2. Aspectos observados
e medidos comportamentalmente

Dimensão I – Realidade	Dimensão II – Afeto	Dimensão III — Comunicação
O contato com a realidade é a verbalização do cliente: quantas palavras ele usa para se referir a pessoas, lugares, coisas e eventos.	O contato afetivo é a verbalização do cliente, das emoções, através de palavras que exprimem sentimentos ou através da expressão facial ou expressão corporal do afeto (bater na mesa que pode indicar que está com raiva e o terapeuta registra no papel quando ocorre).	Contato comunicativo é o uso da linguagem social — palavras e frases. Mensura toda expressão social através do que é verbalizado.

Fonte: Elaborado pela autora

Esse procedimento foi composto das seguintes etapas: (1) Gravação de todas as sessões; (2) Transcrição do que foi gravado para as folhas de marcação; (3) Formação dos avaliadores no sentido de executarem rigorosamente as marcações. (PROUTY, 1990, 2001). Gravou-se e mediu-se, verificando se o paciente se referia mais à realidade, afeto e comunicação no tempo 1 ou 2 (pré-tratamento e pós-tratamento, respectivamente).

Prouty relata uma situação clínica da cliente "N", que fazia parte de um de um estudo piloto e que constituiu a base para a avaliação dos efeitos da Pré-Terapia (PROUTY, 1985 apud PROUTY, 1990).

Ela havia sido indicada para a Pré-Terapia por causa do seu comportamento agressivo e ausência geral de comunicação adequada. Apresentava sintomas do tipo esquizofrênico e foi tratada duas vezes por semana, durante dois anos e cada sessão foi gravada, seguindo o procedimento descrito anteriormente.

Como resultado do tratamento, após a análise da medição dos comportamentos de contato verificou-se que "a cliente "N" se comunicava mais realisticamente, evidenciava emoções mais integradas e reduziu sua agressividade. Subsequentemente, ela foi colocada em um programa pré-vocacional" (PROUTY, 1990).

De acordo com as transcrições abaixo, apresentadas por Prouty (1990), pode-se observar as alterações ocorridas em dois anos de tratamento. Descrição do pré-tratamento:

> A cliente "N" falou em uma voz baixa, severa, com pobre articulação. Ela falou predominantemente frases inidentificáveis combinadas com neologismos. Em outras vezes ela evidenciou risadas inapropriadas misturadas a fala de bebê. Ela também evidenciou repentina fala explosiva acompanhada pelo toque ritualístico de braços e pernas. Isto também foi acompanhado por um pisar e gritar ritualístico. Havia muito pouco contato visual. A sua tolerância à frustração era muito baixa e isto levou ao comportamento auto abusivo e agressão direcionada a outros. A cliente era muito resistente ao contato físico e muito resistente à entrada em seu espaço de brincadeira. Ela poderia brincar com o corpo do terapeuta como se fosse um boneco. Isto envolveu puxar, bater, e moldá-la como uma coisa. (PROUTY, 1990, tradução nossa).

Descrição do terapeuta do pós-tratamento, que durou dois anos, com aplicação da Pré-Terapia e sem o uso de medicação.

> A cliente "N" é motivada a articular. Ela fala mais claramente, com poucos neologismos e comunica mais as suas necessidades. Ela faz mais tentativas, na conversação. Ela está mais sociável e estabelece maior contato visual. Havia consideravelmente menos comportamento autista, ritualístico e agressivo. Sua tolerância à frustração é melhor porque ela tenta encontrar soluções. Estabelece muito mais contato corporal e, é muito mais consciente do terapeuta, enquanto uma pessoa. Exibe melhores hábitos de cuidado pessoal e maior estima por suas próprias conquistas (entrada no workshop pré-vocacional). Ela demonstra mais atenção às emoções e de forma mais apropriada. Ela também passa significantemente menos tempo alucinando. (PROUTY, 1990, tradução nossa).

Para completar, Prouty inclui o relato de um psicólogo, membro do estudo piloto, feito após dois anos de acompanhamento.

> A cliente iniciou a adquirir paciência, com a sua frustração mínima, o que leva à redução nos seus comportamentos desajustados.

Ela diminuiu tremendamente seus comportamentos agressivos e destrutivos em casa e na escola. Seus mecanismos de autocontrole foram internalizados, aumentando a sua habilidade de expressar suas emoções verbalmente, ao invés de atuar comportamentalmente. Ela parece, no geral, mais estável comportamental e emocionalmente. Esta estabilidade afetiva não havia sido percebida um ano atrás. Sua habilidade em se ajustar às mudanças cresceu. Ela é mais sociável que no passado. (PROUTY, 1990, tradução nossa).

Pela descrição do tratamento ficou evidenciado que houve ganhos significativos das funções de realidade, afetiva e comunicativa após a aplicação da Pré-Terapia. Os registros dessas três dimensões mediram a mudança de uma comunicação pré-expressiva para uma comunicação expressiva sobre o mundo, o *self* e o outro. Essas categorias comportamentais específicas serviram como base empírica para uma escala de desenvolvimento e avaliação estatística, o que possibilitou o julgamento dos efeitos da Pré-Terapia[23].

3.4 As alucinações e o processo Pré-Simbólico

Um outro aspecto estudado por Prouty[24] foi a alucinação[25]. Ele via a alucinação como uma situação humana que envolve sofrimento. Ele analisou a estrutura pré-simbólica de uma alucinação em termos das suas propriedades fenomenológicas e simbólicas (Prouty, 2001, xxxii).

As razões fundamentais para o tratamento clínico das alucinações é a resolução da estrutura dividida, que é característica da esquizofrenia. A imagem alucinatória constitui um significativo fragmento do ser, que precisa ser integrado à mais importante parte do ser. (PROUTY, 1981 apud PROUTY, 1986).

---

[23] A primeira atividade de pesquisa foi feita em conjunto com a Universidade de Illinois. Submeteram cinco pacientes com deficiência intelectual à Pré-Terapia por dois anos. Alguns melhoraram bastante nas três dimensões. Outros melhoraram em uma ou outra, e outros só em uma dimensão. Mesmo sem focar no comportamento observou-se que, através das reflexões para contato, ocorria a redução do comportamento agressivo, autista e ritualístico (PROUTY, 1990).

[24] Parte III do livro, intitulada *Evolução da Teoria Experiencial* (PROUTY, 2001).

[25] No capítulo 7, Prouty (2001) dá destaque à estrutura pré-simbólica e a experienciação de alucinações esquizofrênicas.

Prouty[26] menciona que um dos motivos para tratar a alucinação é o sofrimento do paciente. Outro motivo é que a alucinação fornece uma oportunidade extraordinária para estudar um fenômeno puro. A alucinação é um tipo diferente de símbolo. Nos dá a oportunidade para olhar de forma diferente a simbolização do ser humano.

Prouty escolheu o termo "pré-símbolo" por considerar que as imagens alucinatórias têm um nível de simbolização, extraordinariamente concreto.

> O pré-símbolo é "inseparável do que é simbolizado" e "não pode ser esclarecido por outra coisa" (Jaspers, 1971). É um modo profundamente primitivo de "transformar a experiência em símbolos". (Langer, 1961). Isto é especificamente o modo alucinatório de simbolizar a experiência. (PROUTY, 1986, tradução nossa).

Em sua experiência clínica, Prouty afirma que alucinações específicas, fenomenologicamente, esquematizam eventos que podem ter desencadeado o adoecimento psíquico. Dessa forma, o trabalho terapêutico, estabelecido por Gendlin e desenvolvido por Prouty, visa permitir a integração da vivência alucinatória, processando-a até o ponto em que a pessoa possa relacioná-la com o conteúdo de vivências reais.

O excerto seguinte (extraído de PROUTY, 1990, tradução nossa) exemplifica o trabalho terapêutico junto a um cliente que passava por uma experiência alucinatória, através da técnica da Pré-Terapia.

O cliente "Roger" já estava residindo no "semi-internato" para clientes psiquiátricos, diagnosticado com esquizofrenia com tendências suicidas e depressão crônica. Essa cena alucinatória ocorreu após seis meses do início da terapia experiencial centrada no cliente (PROUTY, 1990).

C:	Cuidado. Elefante cor-de-rosa lá.
T: (RPP)	Cuidado. Elefante cor-de-rosa lá.
T: (RF)	Sua face parece amedrontada.
T: (RF)	Seus olhos estão grandes.
T: (RC)	Mãos nas pernas.
C:	Tenha cuidado... ferir... vai conseguir.
T: (RPP)	Tenha cuidado... ferir... vai conseguir.

---

[26] Seminário *Pré-Terapia*, São Paulo, 1990.

T: (RC)   Seu corpo inteiro está rígido.

C: Está lá… muitos animais.

T: (RS)   Lá.

T: (RF)   Seus olhos ficaram maiores.

T: (RR)   Lá.

C: Todos os tipos ferem você… vai ferir você.

T: (RC)   Você aponta.

T: (RS)   Você aponta para lá.

T: (RC)   Você aponta, eu aponto.

T: (RC)   Nós apontamos.

C: Eles são grandes, cor-de-rosa e feios.

T: (RPP) Eles são grandes, cor-de-rosa e feios.

C: Eles riem, gritam e machucam você.

T: (RPP) Eles riem, gritam e machucam você.

C: Eles me machucam.

T: (RPP) Eles te machucam.

(Alguns minutos de silêncio)

T: (RR)   Antes, você apontou para lá.

T: (RR)   Antes, você apontou para lá e disse, eles são grandes,
          cor-de-rosa e feios.

T: (RR)   Você disse eles riem, gritam e machucam você.

C: Eles você, me machucam.

C: Me machucam.

T: (RPP) Me machucam.

(Alguns minutos de silêncio)

T: (RS)   Nós estamos há muito tempo nesta pequena sala.

T: (RS)   Você olha para cima.

T: (RR)   Antes você disse, eles me ferem.

C: Isso vai me machucar.

T: (RPP) Isso vai me machucar.

C: Sim, ela vai me machucar.

T: (RPP) Sim, ela vai me machucar.

T: (RF)   Pequeno sorriso no seu rosto.

C: Eu a odeio.

T: (RPP) Você a odeia.

T: (RF)	Seus olhos estão grandes.
T: (RC)	Você esfrega as pernas.
T: (RC)	Você esfrega, eu esfrego.
T: (RR)	Você a odeia.
C:	Sim, ela é feia.
T: (RPP)	Sim, ela é feia.
C:	Ela é feia como um grande elefante.
T: (RPP)	Ela é feia como um grande elefante.
C:	Ela me pisoteia, como um elefante.
T: (RPP)	Ela me pisoteia, como um elefante.
C:	Minha mãe está toda em cima de mim.
T: (RPP)	Minha mãe está toda em cima de mim.
C	Minha mãe me sufoca, emocionalmente.
T: (RPP)	Minha mãe me sufoca, emocionalmente.
C:	Estou com raiva... minha mãe dirige a minha vida.
T: (RPP)	Estou com raiva... minha mãe dirige a minha vida.
T: (RC)	Você está com raiva... seu corpo parece torcido.

(Silêncio por alguns minutos)

T: (RR)	Você disse que você estava com raiva e que sua mãe dirige a sua vida.
C:	Sim, o que vou fazer? Sharon por onde eu começo? (PROUTY, 1990, tradução nossa).

A imagem do elefante foi experienciada como real pelo paciente, constituindo-se como um fenômeno e como um fragmento do self (PROUTY, 1986). Assim, apresenta o *self* como um "'*self* dividido' — um problema psicológico, mas susceptível de ser tratado. O tratamento das alucinações consiste numa reconstrução do *self*" (PROUTY, 2001, xxiii).

De um ponto de vista fenomenológico, a imagem alucinatória pode ser descrita em três dimensões: a) motivacional[27]; b) fenomenológica; c) simbólica (PROUTY, 1986; 2001).

Sob o aspecto da motivação, a alucinação é caracterizada como 'self-intencional', é um fragmento do *self*, que implica na "transformação

---

[27] Na tradução para a versão portuguesa (PROUTY, 2001), foi chamada de *dimensão expressiva*.

expressiva da experienciação da vida real em imagem" (PROUTY, 1986, p. 86, tradução nossa).

Fenomenologicamente, a alucinação é um "indicador de *self*". É experienciada como real e como tal está implícita em si mesma.

Simbolicamente, a alucinação é um "referencial do *self*".

Esses três níveis de descrição constituem a definição da simbolização do *self*, que é a qualidade primária do pré-símbolo (PROUTY, 1986).

Prouty (1997 apud PROUTY, 2001) faz uma descrição pormenorizada da alucinação como processo estrutural, delineando em quatro fases[28]. Os processos pré-simbólicos se referem a estágios sequenciais do processo alucinatório durante o tratamento: a) Estágio Indicador do *Self*; b) Estágio Emotivo do *Self*; c) Estágio Processual do *Self*; d) Estágio Integrador do *Self* (PROUTY, 1986, 2001, tradução nossa)[29]. Esses estágios requerem considerações diferentes, na técnica reflexiva.

3.4.1 Estágio indicador do self

Durante esse estágio, a imagem alucinatória implica e se refere a si mesma. Muitas alucinações são tridimensionais e podem ter impacto muito realista sobre o cliente. Podem possuir certa intensidade de cor, forma ou movimento e, se adicionar sons, tem-se aí uma experiência intensa, através da qual a pessoa pode sofrer por muitos anos (PROUTY, 1986). Dessa forma, as técnicas reflexivas precisam ser direcionadas à imagem — denominada de Reflexão de Imagem. A alucinação é constituída, principalmente, pela imagem e há pouca manifestação do afeto.

> Para se iniciar o desenvolvimento dos sentimentos, é necessário maximizar o efeito interativo da reflexão e experiência. Pode ser necessário repetir reflexão de imagens, várias vezes, antes dos sentimentos começarem a emergir, da alucinação. (PROUTY, 1986, tradução nossa).

"Reflexão de imagem se refere a reflexões literais das propriedades indicadoras de *self*, da imagem ou do próprio símbolo" (PROUTY,

---

[28] A Experiencia pré-simbólica II.

[29] Na versão portuguesa (PROUTY, 2001), esses estágios são denominados de fase indicadora de si mesmo, fase emotiva-em-si-mesmo, fase da mudança-de-si-mesmo e fase integradora-de-si-mesmo.

1986, tradução nossa). Ao fazer a reflexão da imagem, o paciente pode ser compreendido onde ele vive, e o terapeuta pode alcançar o seu sofrimento, quebrando o isolamento psicótico. No exemplo anterior, as seguintes propriedades imaginárias poderiam ter sido refletidas: — Eles são grandes; — Eles são cor-de-rosa; — Eles são feios.

3.4.2 Estágio emotivo do self

"Nesse ponto o afeto se desenvolveu na imagem alucinatória ou em torno dela como parte de sua própria autossignificação ou como resultado da reiteração" (PROUTY, 1986, 2001, p. 99, tradução nossa). Começam a aparecer sentimentos relacionados à alucinação. Sendo assim, a reflexão no estágio emotivo do *self* deve ser direcionada tanto para a imagem, como para os sentimentos, com o objetivo de manter a 'unidade do processo' (GENDLIN, 1973 apud PROUTY, 2001).

> Se imagem ou sentimento são superrefletidos ou sub-refletidos, o processo total se dividirá, e o cliente experienciará a proliferação de imagens com pouco sentimento, ou uma densidade de afeto sem processo emocional. (PROUTY, 2001, p. 99, tradução nossa).

Prouty cita como exemplo um paciente que descreve a sua imagem alucinatória: "É como uma pintura. Como um quadro pintado, na parede, ou uma pintura com sentimentos — é como uma pintura na parede, mas com sentimentos" (PROUTY, 2001, p. 99). O terapeuta poderia refletir a imagem: É como um quadro; e refletir os sentimentos: Há sentimentos nele. Quando a imagem e o sentimento são refletidos e reiterados, gradativamente eles vão se desenvolvendo e a unidade do processo é mantida (PROUTY, 1986, 2001).

3.4.3 Estágio processual do self

Durante esse estágio, tanto a imagem como o afeto estão presentes e sendo processados. Ocorrerá uma mudança de posição da experienciação simbólica (imagem) para a experienciação não simbólica (sentimento), indo do conteúdo simbólico para o conteúdo do sentimento. Ocorre uma mudança de posição da experiência simbólica (imagem) para a experiência não simbólica (sentimento) e a modalidade reflexiva vai se transformando gradativamente.

3.4.4 Estágio integrador do self

"Nessa fase, o elemento afetivo muda da imagem alucinatória para a própria consciência de self da pessoa, e é integrado, possuído e experienciado como self" (Prouty, 2001, p. 101). Dessa forma as reflexões passam a ser mais centradas no processo de sentimentos. Assim que o paciente assimila e integra as estranhas alucinações do ego, o terapeuta pode mudar da reflexão da imagem para a tradicional Resposta Reflexo.

3.5 As aplicabilidades da Pré-Terapia

De acordo com a literatura, a Pré-Terapia tem-se revelado como uma teoria e metodologia designada para desenvolver ou restaurar as funções de realidade, afetiva e comunicativas, e pode ser aplicada a diversos tipos de pacientes, em situações e contextos variados, desde que eles apresentem algum tipo de desordem de contato. Tem-se mostrado útil ao tratamento de pacientes com: a) esquizofrenia aguda e crônica (Prouty, 1986, 1990, 2001; Greenberg; Watson; Lietaer, 1998; Wygene; Dumon; Conicks, 1999 apud Prouty, 2001); b) psicótico com deficiência mental (Prouty, 2001; Kreitmeyer, 1998 apud Prouty, 2001); c) quadros psiquiátricos severos (Werde, 2002, 2005 apud Campos, 2008).

Alguns autores pesquisaram sobre o uso da técnica da Pré-Terapia como ferramenta para o desenvolvimento do contato psicológico com pessoas com Transtorno do Espectro Autista (Carrick; Mckenzie, 2011; Stepánková, 2015; Freitas; Maliszewsk, 2016) buscando demonstrar a possibilidade de utilização da Pré-Terapia como método de intervenção para essa clientela.

Há ainda outras aplicações como a de pessoas com diminuição da função mental (cognitiva), com ou sem esquizofrenia (Prouty, 1990, 2001; Prouty; Cronwall, 1990); clientes de personalidade múltipla, assim como em clientes com traumas profundos e de abuso sexual (Coffeng, 1995, 1997; Roy, 1997 apud Prouty, 2001); pessoas com demência (Werde; Morton, 1999; Dodds; Morton; Prouty, 2004 apud Campos, 2008). Em relação à aplicação da Pré-Terapia a pacientes geriátricos com demência, Prouty[30] a via como possibilidade de reduzir o isolamento que é severo, buscando ampliar o contato psicológico.

No campo da Psicologia Hospitalar, há uma publicação (BOSCO; MIRANDA, 1998) que menciona o uso da Pré-Terapia em um atendimento bastante complexo, pois várias pessoas da família entraram em crise, em uma Unidade de Urgência em um Hospital Geral, após receberem a notícia do óbito da mãe. Uma das filhas entrou em processo dissociativo, apresentando agitação psicomotora e perda de contato com a realidade. Ela gritava "Oh mãe, vem cá! Eu estou no quarto e você na sala, mãe. Eu não consigo ir aí, mãe; vem cá mãe, eu preciso de você! Minha mãe não morreu não, ela está na sala e eu estou no quarto" (BOSCO; MIRANDA, 1998, p. 27). Foram utilizadas as reflexões palavra-por-palavra, situacional, corporal e facial e aos poucos a cliente voltou a estabelecer contato com a realidade e consequentemente, com a perda da mãe. Além dessa situação clínica, na minha prática como Psicóloga Clínica e Hospitalar tive várias oportunidades de aplicar a Pré-terapia tanto a pacientes como a familiares, que serão descritas a seguir, buscando mostrar a indicação da Pré-Terapia nesse contexto.

Iremos recorrer ao relato de experiência[31], com o objetivo de descrever a aplicabilidade da Pré-Terapia no Hospital Geral e em outros contextos relacionados à assistência à saúde e a emergência e desastre.

3.5.1 A aplicação da Pré-Terapia no Hospital Geral

Geralmente, uma pessoa é hospitalizada quando apresenta algum problema de saúde que requer assistência médica mais imediata e que não pode ser adequadamente tratada em outro lugar. Porém, além dos sintomas físicos, ela pode apresentar alterações no estado mental. Quando isso acontece, sempre é preciso considerar que as alterações psíquicas apresentadas por ela podem estar relacionadas a problemas

---

[30] Seminário *Pré-Terapia*, São Paulo, 1990.

[31] "A relevância de um relato de experiência está na pertinência e importância dos problemas que nele se expõem, assim como o nível de generalização na aplicação de procedimentos ou de resultados da intervenção em outras situações similares, ou seja, serve como uma colaboração à práxis metodológica da área à qual pertence" (FONTANELLA, 2011 apud LIMA, 2011).

físicos, químicos ou psicológicos. Habitualmente, é uma combinação de uma série de fatores.

> A febre é um agente comum, tão comum que a maior parte de nós, durante uma febre alta, pelo menos sofre alguma interferência no funcionamento mental. As toxinas produzidas por algumas moléstias são uma outra causa, e todas as enfermidades "tóxicas" tendem a afetar a mente, provocando delírios (podemos observar esse fenômeno com uma certa frequência nas Insuficiências Renais Crônicas por ex.). As substâncias tóxicas introduzidas no organismo podem igualmente produzir alterações no juízo da realidade (pensamento) e/ou na sensopercepção. O álcool, por exemplo, talvez seja um dos agentes mais comuns do estado delirante, e o *"delirium tremens"* talvez seja a forma do estado mais espetacular e letal. A fadiga, os traumas orgânicos e a fome são outros agentes importantes. (SEBASTIANI; FONGARO, 2017, p. 100-101).

É preciso também dar importância aos fatores psicológicos, pois estes têm grande importância etiológica, e, muitas vezes, apontam a razão, por exemplo, de um estado delirante. Por isso, é importante estar atento a choques psicológicos, situação de perda recente e estados de tensão.

> Talvez as situações psicológicas mais dignas de atenção sejam os fatos que ameaçam ou de fato interrompem o contato do paciente com seu próprio mundo particular, sobretudo aquilo que o afasta das pessoas, lugares e objetos familiares, e do fluxo de seus estímulos próprios (SEBASTIANI; FONGARO, 2017, p. 101).

Sebastiani e Fongaro (2017) mencionam que, muitas vezes, pacientes com patologias orgânicas graves e com prognóstico reservado podem entrar em um quadro de dissociação após terem passado por um período de extremo sofrimento físico e emocional. Nesses casos, ao se realizar o exame psíquico pode-se observar alterações primárias importantes na afetividade, pensamento, consciência do EU, seguidas de alucinações. De acordo com eles, esse surto pode ser compreendido como uma forma de defesa do paciente frente à ameaça real que a proximidade da morte traz para as pessoas.

Um outro fator que altera a condição emocional do doente hospitalizado tem relação com alguns aspectos decorrentes da internação: afastamento do ambiente familiar com perda de contato com pessoas significativas, perda da vida cotidiana em seu ambiente doméstico relacionada a objetos, alimentos. O paciente passa a ter que conviver com pessoas até então desconhecidas e o ambiente hospitalar pode adquirir um caráter ameaçador e estranho. Isso pode gerar o que Sebastiani e Fongaro (2017) denominaram de despessoalização.

Há ainda um outro aspecto a ser considerado e que pode afetar o funcionamento mental do doente, que são as drogas sedativas, hipnóticas e analgésicas, que são usadas para manter o paciente mais calmo, porém podem oferecer riscos.

> Em lugar de promoverem o sono e o relaxamento, elas podem reduzir o nível de impacto sensorial dos estímulos externos, diminuindo assim a capacidade do paciente de manter a orientação e o contato com o que o cerca, de modo a poder levá-lo a um estado delirante, ou episódios confusionais, com desorientação no tempo e no espaço, lapsos de memória e outros. (Sebastiani; Fongaro, 2017, p. 102).

Para ilustrar a aplicabilidade da Pré-Terapia no Hospital Geral, citarei o atendimento de uma senhora de 40 anos, ocorrido na Unidade de Urgência e Emergência, que se originou de um pedido médico (clínica) para avaliação psicológica, visando o diagnóstico diferencial dessa pessoa que havia dado entrada no hospital com sintomas típicos de um estado catatônico. O atendimento da interconsulta foi realizado inicialmente pelo psicólogo que estava na Unidade pela manhã e que a avaliou como estando em um quadro de catatonia.

Ao chegar à tarde para o meu plantão, e por não saber que a interconsulta já tinha sido realizada, me dirigi à beira do leito da paciente para uma primeira abordagem. Ela estava imóvel, sem nenhuma reação e sem responder a comandos verbais. De acordo com o seu marido, havia um histórico de depressão e de endividamento recente. Após o contato com o marido e tendo como hipótese o quadro de catatonia, comecei a aplicar a Pré-Terapia.

A Terapeuta: [RS] Você está em um hospital.

A Terapeuta: [RC] Você está deitada em uma maca.

A Terapeuta: [RS] Escuto pessoas conversando.

A Terapeuta: [RC] Seu corpo está estendido sobre a cama.

A Terapeuta: [RC] Seus braços estão ao lado do seu corpo.

Ao fazer as Reflexões para Contato, eu comecei a perceber uma tentativa da paciente para abrir os olhos. Interroguei se ela estava com alguma desordem de contato ou se tinha outros fatores presentes naquela situação. Eu tinha a sensação de que ela tentava estabelecer contato comigo, mas por algum motivo não conseguia.

Procurei pelo médico para uma discussão interdisciplinar, passando a ele a minha percepção. Nesse momento, ele me informou que já estava providenciando a transferência da paciente para um hospital psiquiátrico, baseado na primeira avaliação realizada pela manhã do mesmo dia. Diante disso, falei para ele sobre a Pré-Terapia como recurso utilizado por mim para a abordagem/avaliação da paciente, buscando fundamentar um pouco o que era, para que ele tivesse conhecimento. Afirmei que havia indícios de quadro neurológico[32], o que foi registrado por mim também no prontuário. Em face do exposto, o médico optou por transferir a paciente para a Unidade de Internação, onde foi estabelecido, após vários exames, o diagnóstico de tuberculose cerebral.

> Uma variedade de distúrbios médicos pode se manifestar com sintomas psicóticos de breve duração. Transtorno psicótico devido a outra condição médica ou um *delirium* é diagnosticado quando há evidências oriundas da história, do exame físico ou dos testes laboratoriais que demonstram que os delírios ou as alucinações são consequência fisiológica direta de determinada condição médica (p. ex., síndrome de *Cushing*, tumor cerebral). (APA, 2014, p. 96).

A paciente permaneceu sem movimentar os membros inferiores e superiores e, após alguns dias, começou a recuperar os movimentos e, em seguida, voltou a falar, apresentando *delirium* até voltar à normalidade.

---

[32] Para mim havia a possibilidade de ser um transtorno mental orgânico, devido a doença cerebral, danos e disfunção.

No momento da alta hospitalar ela estava totalmente recuperada, sem nenhum *deficit* com a realidade, afetivo e comunicativo.

Outro atendimento que demonstra a utilização da Pré-Terapia ocorreu com uma pessoa de 30 anos, sexo masculino e vítima de atropelamento. Ele havia sido socorrido pela polícia e levado ao pronto-socorro. Apresentava alteração mental e comportamental. Estava dentro da sala de RX e gritando dizia: "Socorro, vão me matar". Eu estava passando pelo corredor do RX e ao perceber que algo estranho estava acontecendo, abordei a técnica em radiologia e ofereci ajuda psicológica. Ela, com uma expressão de alívio, facultou a minha entrada, me deixando a sós com o paciente, que estava deitado sobre a mesa de exame, com a roupa suja de sangue, agitado e desesperado. Me aproximei dele, buscando compreender empaticamente o que se passava com ele e optei por aplicar a Pré-Terapia:

> O Cliente: (*gritando*) Socorro, vão me matar.
>
> A Terapeuta: [RPP] Socorro, vão me matar.
>
> A Terapeuta: [RS] Você está no hospital.
>
> A Terapeuta: [RF] Parece muito assustado e com medo.
>
> O Cliente: (*gritando*) Ele quer me pegar. Me tirem daqui.
>
> A Terapeuta: [RPP] Ele quer me pegar. Me tirem daqui.
>
> A Terapeuta: [RC] Você está deitado em uma maca.
>
> A Terapeuta: [RS] Estamos na Sala de Raio-X.
>
> A Terapeuta: [RF] Você está com muito medo.
>
> A Terapeuta: [RC] Seu corpo está estendido sobre a maca.

Ficou evidenciado que o paciente teve um surto psicótico, provavelmente após o consumo de substância psicoativa, com presença de distorção da percepção, ideias delirantes tipo paranoide e persecutórias, além do afeto anormal (medo intenso). A maior necessidade do paciente, naquele momento, era fazer o Raio-X por ser uma emergência médica, por causa do atropelamento. Dou sequência às reflexões para contato:

> A Terapeuta: [RF] Parece muito assustado e com medo.
>
> O Cliente: Ele quer me pegar. O demônio quer me pegar.
>
> A Terapeuta: [RPP] Ele quer te pegar. O demônio quer te pegar.

A Terapeuta: E eu estou aqui para te ajudar.

O Cliente: *(em tom de pergunta)* Quem te mandou aqui?

A Terapeuta: Quem você acha que me mandou aqui?

O Cliente: Deus.

A Terapeuta: [RPP] Deus. *(cliente passa a ter contato visual direto com a terapeuta).*

A Terapeuta: Você está olhando diretamente nos meus olhos. Estou aqui para te ajudar. Você precisará fazer o RX agora e eu ficarei com você. Não vou tirar os olhos de você. A técnica vai precisar te posicionar na mesa de exame, mas eu vou continuar olhando para você.

Nesse momento, a técnica do setor se aproxima, o prepara para o exame e me avisa que teremos que ficar atrás do anteparo como medida de proteção radiológica. Digo a ele que terei que me deslocar até o outro lado da sala, mas que continuarei olhando para ele. Saio "andando de costas", mantendo o meu olhar fixo em sua direção, até chegar ao anteparo. Permaneço olhando para ele, através da janelinha do anteparo. Paciente permanece quieto durante o exame, evidenciando que já estava livre do pavor que gerou tanto sofrimento emocional, e com o contato com a realidade restaurado, evidenciando a função de contato da Pré-Terapia. Assim que fez o Raio-X foi encaminhado para avaliação médica, na sala de emergência.

"Muitas vezes, o adoecer desencadeia momentos de crise que são vivenciados também pelos familiares e acompanhantes" e isso requer do psicólogo uma habilidade terapêutica para a compreensão do momento vivido dentro da dinâmica histórica da pessoa, levando-se em conta os quadros psicorreativos e psicopatológicos". (COTTA; MIRANDA, 1998 apud MIRANDA, MOURTHÉ, 2017, p. 138). Diante das intercorrências psicológicas e psiquiátricas no Hospital Geral (choque emocional, crise de ansiedade e de pânico, processo de somatização, hipocondria, síndromes psicóticas, síndromes de agitação psicomotora, transtorno de comportamento devido ao uso de substância psicoativa, síndrome de dependência e de abstinência, quadros de estresse pós-traumático, casos de abuso sexual, violência doméstica...), se for identificado que ocorreu alguma desordem de contato seja com a realidade, afetivo e/ou comunicativo, pode-se recorrer à Pré-Terapia. Para ilustrar, vou relatar o atendimento feito à filha de uma senhora que se encontrava na Unidade de Urgência e Emergência, a quem chamarei de "M".

"M", 35 anos, sexo feminino, é filha de uma paciente vítima de um derrame e em estado grave e que aguardava vaga para o Centro de Tratamento Intensivo (CTI). A enfermagem solicitou o seu acompanhamento, devido ao fato dela estar muito aflita com a situação da mãe e em processo de sofrimento emocional.

Iniciado o atendimento, observa-se que "M" apresenta medo ligado ao risco de perder a mãe. A possibilidade da perda acaba desencadeando um processo de angústia, deixando-a extremamente fragilizada. Cliente chega a dizer que não suportaria o momento da morte da mãe. Dou sequência aos atendimentos buscando propiciar à cliente um espaço estruturado para a manifestação e elaboração dessa angústia.

No terceiro dia, a mãe de "M" apresenta uma piora do quadro clínico, ficando instável e já sem indicação de ir para o CTI, uma vez que não havia mais a possibilidade de recuperação. A equipe médica informa a "M" sobre a situação, possibilitando que ela permaneça ao lado da mãe e aguardando o momento do óbito. No momento do óbito, "M" estava presente, e imediatamente foi retirada da sala de emergência: foi nesse momento que eu cheguei para atendê-la mais uma vez.

> A Cliente: *(chorando)* Ela está morrendo.
>
> A Terapeuta: você está com medo de que ela esteja morrendo.

A cliente começa a soltar o corpo, que quase toca o chão, momento em que é amparado por mim e pela médica. A médica corre e busca uma cadeira, onde "M" é colocada, porém sem conseguir manter-se assentada, deixando o corpo escorregar até o chão. Permanece imóvel e rapidamente recebeu uma injeção de Diazepam. Com a ajuda de um maqueiro, ela foi colocada em uma maca, que estava próxima ao local. O maqueiro, aflito com a situação, me perguntou se eu precisava de ajuda para levá-la para uma avaliação médica. Agradeci, dispensando-o e explicando que aquela era uma reação emocional e que eu faria o atendimento psicológico ali mesmo. A conversão psicomotora, nesse contexto, foi compreendida como um mecanismo de defesa do ego associado ao episódio que acabara de ocorrer.

A Terapeuta: [RS] Você está no pronto-socorro.

A Terapeuta: [RC] Você está deitada em uma maca.

A Terapeuta: [RC] Seu corpo está estendido sobre a maca.

A Terapeuta: [RF] você está sofrendo muito.

A Terapeuta: [RR] Antes você disse que tinha muito medo de não suportar este momento.

A Cliente: (*Levanta o corpo abruptamente, sentando-se na maca e grita*) Eu quero a minha mãe. (*Deixa o corpo cair novamente na maca e permanece imóvel, sem nenhuma reação*).

A Terapeuta: [RF] Você tem medo de que sua mãe tenha morrido.

A Cliente: (*ainda deitada na maca, grita*) Mãe, você não pode fazer isso comigo.

A Terapeuta: [RPP] Mãe você não pode fazer isso comigo.

A Terapeuta: [RR] Você tinha medo de estar sozinha neste momento.

A Terapeuta: Eu estou aqui para dividir com você este momento.

A Cliente: *Abre os olhos, começa a chorar e a falar da morte da mãe.*

Através da Pré-Terapia, da compreensão empática e do que foi escutado e compreendido nos atendimentos anteriores (e que possibilitou a Reflexão Reiterativa), "M" pode se reorganizar diante da crise, iniciando assim um processo de simbolização e elaboração da perda sofrida.

Atualmente, a internação hospitalar é somente uma etapa do tratamento, e, assim que é possível, a pessoa é desospitalizada e passa a receber os cuidados da equipe de saúde em seu domicílio. Tanto no hospital como em outros contextos da saúde, incluindo a atenção domiciliar, é possível recorrer à Pré-Terapia, quando o paciente apresentar alguma desordem de contato. Para ilustrar, citaremos a situação clínica de uma pessoa em tratamento paliativo devido a um câncer em estágio avançado e já em fase final de vida. Devido às fortes dores que sentia, passou a fazer uso diário de morfina. Subitamente, começou a apresentar confusão mental, com alterações do pensamento e agitação. Permanecia restrita ao seu leito, em seu domicílio, quando começou a apresentar um quadro confusional, afirmando que havia um incêndio na sala de sua casa. Demonstrava muita aflição e dizia que estava pegando fogo na sala de sua casa e que era preciso chamar os bombeiros e a polícia, insistindo que eles tinham que saber de tudo. Nesse momento recorreu-se à Pré-Terapia.[33]

[RS] Você está no seu quarto.

[RS] Você está deitada na cama.

[RC] Seu corpo está estendido sobre a sua cama (Ela continua a dizer que estava pegando fogo, e estava bastante aflita. Foi dada sequência às reflexões para contato).

[RPP] Está pegando fogo.

[RF] Você está aflita.

[RS] Estamos no seu quarto.

[RS] Não há cheiro de fumaça aqui na casa.

[RS] Escuto pessoas conversando na sala.

[RS] Escuto ruídos de carros na rua.

[RS] Você está deitada na sua cama.

[RC] Seu corpo está sobre a cama.

[RF] Você está olhando diretamente para mim (Ela mantém o olhar voltado para mim e aos poucos a expressão facial começa a mudar. A aflição dá lugar à tranquilidade, ela se acalma e dorme em seguida).

Baseando na afirmação de Prouty (1986) de que alucinações específicas, fenomenologicamente, esquematizam situações etiológicas, descreverei abaixo um atendimento ao cliente denominado "C", que ilustra a alucinação como uma estrutura expressiva, como uma forma de simbolizar a experiência, um indicador do *self*.

"C" era um rapaz de 32 anos que trabalhava como vigia noturno, havia três meses, em uma instituição de ensino, que ficava próxima de uma comunidade, um lugar reconhecido como perigoso. Além disso, nas suas noites de folga ele trabalhava em um bar. Durante seu expediente como vigia, permanecia a noite toda sozinho, o que gerava muito medo.

---

[33] RPP – Reflexão palavra-por-palavra.

RC – Reflexão corporal.

RS – Reflexão situacional.

RF – Reflexão facial.

Em um de seus plantões na escola, ele começou a escutar alguns barulhos dentro do prédio. Ficou desesperado. Sentia que era o diabo que vinha atrás dele. Gritou dizendo que estava saindo do prédio e que ia chamar a polícia. Se dirigiu ao pronto-socorro de um hospital que ficava na mesma região (meu local de trabalho). Chegando lá, ligou para a polícia e teve um desmaio. Segundo a equipe médica, ele deu entrada na sala de emergência às 2h30. Passou pela avaliação médica, recebeu um Diazepam e foi encaminhado para a sala de observação, onde permaneceu até ser encaminhado para a Psicologia, no início da manhã.

Ao iniciar o atendimento psicológico, observei que "C" estava um pouco agitado. Ele estava há três dias sem dormir. Naquele momento, diante de mim, ele expressou o que havia sentido, descrevendo sua alucinação auditiva associada a um quadro de ansiedade persecutória. Foi a primeira vez que se sentiu assim desesperado e com tanto medo.

Essa pessoa tinha um histórico de alcoolismo, porém não ficou evidenciado pela equipe médica e nem por mim, que ele estava sob o efeito de álcool. Ele também informou ao médico, que não ingeria bebida alcoólica já há algum tempo, o que nos levou a pensar em um quadro de síndrome de abstinência alcoólica. Nas síndromes de abstinência, geralmente o paciente apresenta queixa de dores nos membros inferiores e superiores, alteração da sensopercepção com predominância de alucinação auditiva, agitação psicomotora e ideias persecutórias, e essas foram as queixas apresentada por ele ao dar entrada no pronto-socorro.

Apresentava-se extremamente ansioso, com o juízo crítico da realidade preservado. Me falou do medo que sentiu: medo real ligado ao mundo externo em função do risco laboral e do medo fantasmático, do diabo que vinha atrás dele, o que não estava sujeito ao juízo da realidade. Trouxe também sua situação familiar, com evento recente de conflito conjugal, o que o levou a se afastar por alguns dias da esposa e dos filhos, trazendo em sua fala vivências de solidão, desamparo e abandono.

Após o atendimento psicológico, e em discussão clínica com a equipe médica, optou-se por solicitar uma interconsulta com a Psiquiatria, que foi marcada para o mesmo dia no ambulatório, visando um diagnóstico diferencial. Em seguida, fui procurada pelo Chefe da Segurança da instituição onde o cliente trabalhava e nos dirigimos ao ambulatório, local onde seria avaliado pela psiquiatria.

No ambulatório, aconteceu algo inusitado, em se tratando do que se espera de uma consulta médica. O psiquiatra, assentado em sua mesa, chamou o paciente pelo nome, (que neste momento estava acompanhado da esposa e do chefe da segurança) para atendê-lo. O médico permaneceu assentado, não convidando o paciente a se sentar. Fez todo o atendimento sem dirigir seu olhar a ele, com o paciente de pé, ao lado da porta, que se encontrava aberta e na presença da esposa e do segurança. Eu acompanhava a cena do lado de fora, buscando compreender o que se passava lá dentro, uma vez que o consultório era pequeno demais para cinco pessoas. O médico escutou a narração da história e apesar do paciente não ter sinais de embriaguez e nem hálito etílico, sem nenhum vestígio de estar alcoolizado o médico afirmou que o surto foi por causa do álcool e se limitou a prescrever Psicosedin[34] e Sonebon[35].

Com receio do paciente ser estigmatizado e demitido por causa da afirmação do psiquiatra, conversei com o Chefe da Segurança, enfatizando que desde a chegada do paciente ao hospital não havia indícios de ele ter ingerido bebida alcoólica e o que estava sendo evidenciado era que o paciente estava em processo de sofrimento psíquico e que ele necessitava de ajuda naquele momento. Optei por marcar um retorno, com o objetivo de ter mais clareza da condição daquela pessoa e encaminhá-lo para uma psicoterapia. Como o primeiro atendimento tinha sido realizado em uma sexta-feira, marquei o retorno para a segunda-feira.

Na segunda-feira, "C" compareceu no horário marcado e tinha nas mãos uma folha de papel com algumas anotações e um cacto que me foi ofertado como presente, em agradecimento ao atendimento anterior. Esclareceu que havia feito algumas anotações no papel por receio de não conseguir me falar sobre tudo o que queria. Diante do papel, ele começa a me explicar o que tinha desenhado e escrito.

No primeiro atendimento, ao descrever e reviver o que havia ocorrido de madrugada em seu local de trabalho, "C" começava a assimilar o significado das experiências vividas em seu surto. No segundo atendimento, "C" representou esquematicamente: (a) o "meu diabo" — problemas familiares e financeiros, que geravam estresse. A tentativa

---

[34] Medicamento indicado para estados de tensão e ansiedade.

[35] Nitrazepam. Indicado para tratamento da insônia, qualquer que seja a sua etiologia.

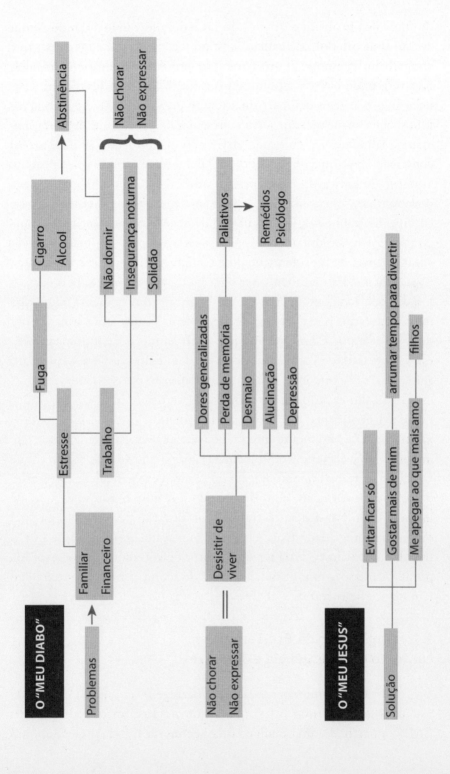

de fugir dos problemas através do cigarro e do álcool. Por não estar consumindo álcool, identifica a abstinência como uma das causas que atrapalham seu sono. Outro fator que interfere no sono é o trabalho noturno, onde ele se sente inseguro e só; (b) o "meu Jesus" — evitar ficar só, gostar mais de si, arrumar tempo para se divertir, apegar-se aos filhos, que é o que mais ama. Ao representar no papel o que experienciou emocionalmente, o significado afetivo do diabo tornou-se integrado à consciência. Ao final do desenho, "C" faz algumas observações: 1) sobre a postura antiética do psiquiatra, ao afirmar que o problema dele era o alcoolismo, sem conhecê-lo e sem perceber que ele estava sensível e confuso no momento da consulta; 2) da necessidade de verificar comigo uma forma de tratamento que seja acessível para ele, mencionando a importância de ter sido escutado e compreendido naquele momento.

Antes do atendimento ser encerrado, ele se volta para o cacto e me diz que havia esquecido de me explicar como cuidar: não exige muito cuidado, basta ser regado de 15 em 15 dias com uma colher de sopa de água. Compreendo que, assim como o cacto, ele também estava precisando receber um pouco de cuidado e esperava que eu o ajudasse. "C" concorda, e, neste momento expressa o medo de ser estigmatizado como louco e o medo de perder o emprego. Após demandar psicoterapia, faço o encaminhamento, por considerar que a experiência recentemente integrada precisava ser elaborada através de um processo psicoterápico. Preocupada com o reflexo desse surto na sua condição de trabalho, opto por fazer contato com a médica do trabalho da referida instituição, compartilhando a minha hipótese de que ele havia passado por um surto frente à sua situação de trabalho, na qual sentia sua integridade física e mental ameaçada, evidenciando que o trabalho noturno poderia ter sido o fator deflagrador do processo. Ela prontamente se dispõe a ajudar, através de acompanhamento funcional e mudança de turno de trabalho.

3.5.2 A aplicação da Pré-Terapia em contexto de emergência e desastre

Diante do rompimento de uma barragem, compus a equipe de psicólogos(as) voluntários(as) que atuou no Instituto Médico Legal (IML), a partir de uma demanda da Secretaria Estadual de Saúde no acolhimento às famílias, na manhã seguinte ao rompimento da barragem. Uma das pessoas atendidas por mim, em situação de crise, foi um senhor de aproximadamente 40 anos, diagnosticado anteriormente com transtorno bipolar, em acompanhamento psiquiátrico e em uso de medicação. Estava ali no IML à espera de alguma notícia do seu parente desaparecido, marcado pela adversidade e tendo que lidar com as agruras existenciais a seu modo e dentro das suas possibilidades.

Foi atendido durante cinco dias consecutivos, expressando seu sofrimento, dor, medo, angústia e revolta pela tragédia ocorrida e que trouxe tanto sofrimento para ele e para sua comunidade. Durante uma semana, ele permaneceu aguardando notícias sobre o aparecimento do corpo de seu familiar, e expressando uma certa atitude de desconfiança, temendo que lhe fosse entregue algum objeto dentro do caixão que não fosse o corpo do parente.

Ao receber a notícia de que o corpo havia sido encontrado nos rejeitos de minério, imediatamente foi solicitado a ele (que estava ali representando a família) para tomar as providências para a identificação e liberação do corpo. Antes disso, havia sido medicado com anti-hipertensivo e Diazepam. Permaneci ao seu lado, acompanhando todo o processo e atenta às suas reações emocionais. Em atendimento antes da identificação do corpo, que era feita somente através da conferência da etiqueta numérica de identificação, ele mencionou mais uma vez o seu receio, sem saber se de fato teria um corpo humano dentro do caixão.

Avaliando todo o processo do cliente e considerando a singularidade dessa situação, decidi que era necessário que ele visse o conteúdo do caixão, o que foi possibilitado pela equipe do IML. Ao ver o corpo, o paciente começou a soltar o corpo e nesse momento foi amparado e retirado do local, sendo levado para um outro espaço, onde ele permaneceu deitado e em observação pela equipe de socorristas. Fizeram o atendimento emergencial, aferindo os sinais vitais, momento em que o paciente permanecia deitado, sem se movimentar, sem estabelecer contato visual e comunicativo. Fui informada de que eles o levariam para o CERSAM por causa da situação de crise, evidenciando a falta de recurso da equipe em lidar com o paciente naquela situação. Conversei com a médica responsável e pedi a ela que aguardasse para que eu pudesse realizar uma nova abordagem ao paciente. A equipe se afastou e eu me aproximei para realizar o atendimento.

Era uma situação inusitada para todos os presentes e inclusive para mim. Entro em contato comigo e me percebo congruente para atuar frente a essa pessoa desorganizada e sem contato, amparada pela minha formação na ACP e na minha experiência com a Pré-Terapia. A consideração positiva incondicional e a compreensão empática também estavam presentes. Tinha ciência de que teria que trabalhar com a parte da pessoa que ainda estava ali, atenta ao comportamento que poderia surgir para conseguir restabelecer o contato. Provavelmente, pareceu estranho a solicitação que eu fiz à equipe, bem como as reflexões para contato que comecei a fazer. O fato de estar na presença de outras pessoas não interferiu no meu trabalho; estava centrada no cliente e na relação, e para mim era como se ali não houvesse mais ninguém. Me assentei ao lado dele, próximo à sua cabeça e iniciei fazendo a reflexão situacional, corporal e reiterativa. Ele se mantinha deitado, com os olhos arregalados, sem nenhum movimento e contato visual:

> Terapeuta [RS] Estamos do lado de fora de um prédio.
>
> Terapeuta [RS] Você está deitado em um banco.
>
> Terapeuta [RS] Escuto barulho de carros passando.
>
> Terapeuta [RC] Seu corpo está estendido sobre o banco.
>
> Terapeuta [RR] Antes estávamos dentro de uma sala.
>
> Terapeuta [RR] Antes estávamos em um outro lugar.
>
> Terapeuta [RS] Agora estamos do lado de fora do prédio.
>
> Terapeuta [RS] Você está deitado debaixo de uma tenda.
>
> Terapeuta [RS] Escuto pessoas conversando. *(Ele permanece imóvel e deitado, com cânula nasal de oxigênio).*
>
> Terapeuta [RR] Você veio aqui para ajudar uma pessoa.
>
> Terapeuta [RS] Antes estávamos em outro lugar (cliente começa a se mexer, levanta e se assenta no banco sem me dirigir o olhar e fala):
>
> Cliente: Preciso colocar arreios no cavalo.
>
> Terapeuta [RPP] Preciso colocar arreios no cavalo.
>
> Terapeuta [RF] Você parece aflito e tem os olhos arregalados.
>
> Cliente: Preciso colocar arreios no cavalo.
>
> Terapeuta [RPP] Preciso colocar arreios no cavalo.
>
> Terapeuta [RR] Antes estávamos em um outro lugar.
>
> Terapeuta [RR] Você veio aqui para ajudar uma pessoa.
>
> Cliente: Fulano não vai mais andar de cavalo.
>
> Terapeuta [RPP] Fulano não vai mais andar de cavalo.

Nesse momento o cliente olha diretamente nos meus olhos, retira a cânula de oxigênio e me pergunta se eu vi o corpo[36]. Eu afirmo que sim e abro espaço para ele falar sobre o que estava vivenciando naquele momento. Eu pude mudar das reflexões para contato para a atendimento tradicional, centrado na relação e no processo de experienciação.

Durante o atendimento, eu estava sendo observada por várias pessoas, dentre elas a psicóloga Dalissa Vieira Teixeira, que, assim como eu, também integrava a equipe de psicólogos(as) voluntários(as) que, naquele momento, atuava no IML no acolhimento às famílias das vítimas. Compartilho aqui o seu relato.

"Toda jornada profissional é permeada de constantes e importantes atualizações. Elas descongelam e ampliam o olhar do psicólogo sobre o homem e sobre o mundo que o rodeia. Todavia, existe uma forma de aquisição de conhecimento que apenas uma vivência mobilizadora pode oferecer. Ela ultrapassa as barreiras cognitivas e nos eleva a uma perspectiva experiencial profunda, que envolve todo o nosso organismo.

Estava no plantão no IML, realizando acolhimento às famílias das vítimas do rompimento de uma barragem. Em determinado momento, devido a um redirecionamento de demanda, deixei o local onde estava realizando os atendimentos e me dirigi ao Setor onde ocorria o reconhecimento dos corpos. Quando lá cheguei, me deparei com uma cena instigante e um ambiente extremamente conturbado.

Havia um homem deitado num banco de concreto, paralisado, respirando com auxílio de oxigênio. Sentada ao seu lado estava a professora Eunice Miranda. Ela parecia dizer algo a ele, mas certamente não parecia ser uma conversa convencional. As pessoas ao redor, a maioria policiais civis e a equipe médica, estavam bastante agitadas, e ansiosas para encaminhar aquele indivíduo para o CERSAM. Com firmeza respeitosa e serenidade impactante, Eunice pediu espaço e um pouco mais de tempo com ele.

Enquanto a agitação e tensão permaneciam no ambiente, professora Eunice e seu cliente, ainda deitado no banco, pareciam estar envoltos em uma bolha à prova de som. É quase impossível descrever as suas

---

[36] A partir das reflexões para contato, as intervenções foram se modificando lenta e progressivamente.

fisionomias. Aquilo me intrigou. Nunca havia presenciado algo parecido. Segui observando a cena, com a sensação de que tudo estava ampliado, em câmera lenta, em suspenso, inclusive eu mesma.

Passados alguns minutos, observei que ele havia se sentado, e ainda com a cabeça baixa, travava algum diálogo com a Eunice. Parecia que algum nível de conexão se estabelecia entre eles. Logo em seguida, fez contato visual com ela. Seguiram conversando, num clima que me parecia de profundo encontro. Me recordo que, posteriormente a esta facilitação, mesmo após ele viver tamanho choque ao vivenciar o reconhecimento do corpo de seu familiar, este homem apresentou condições suficientes para tomar providências em relação ao sepultamento e comunicação da notícia à família, não apresentando mais nenhuma desordem de contato.

Quando a situação se acalmou, o que restou para as pessoas foram indagações: *O que acontecera ali? Como uma pessoa naquelas condições conseguira em tão pouco restabelecer o contato sem o uso de medicamento? O que a psicóloga teria feito àquele homem? Seria mágica?* Ouso dizer que sim! A mágica do encontro, atrelada a competência profissional e uma possibilidade terapêutica potente e efetiva.

Preciso dizer que, o meu primeiro contato com a Pré-Terapia de Garry Prouty se deu em agosto de 2015. Realizei um minicurso de Psicologia Hospitalar, ministrado pela professora Eunice Miranda no Centro de Psicologia Humanista de Minas Gerais. Me lembro de ter ficado provocada e interessada com as possibilidades apresentadas pela Pré-Terapia. Entretanto, presenciar este encontro, elevou a minha compreensão de um nível cognitivo para um nível experiencial. Nada pode ser mais pedagógico e transformador do que uma aprendizagem viva. Tão viva, que enquanto escrevo estas linhas, sinto que ainda pulsa em mim".

3.6 Considerações finais

Atualmente, ainda há algumas dificuldades em relação ao tratamento da pessoa que apresenta sofrimento psíquico. Uma delas é que, diante do doente, se pensa em tratar os sintomas e o transtorno e não a pessoa. Para muitos modelos terapêuticos, o diagnóstico precede a indicação terapêutica e em uma perspectiva biomédica: para cada tipo de perturbação haveria uma indicação terapêutica adequada, geralmente através de medicação. Consequentemente, muitas vezes é atribuído à psicoterapia um mero papel acessório.

Outra dificuldade observada é a falta de recursos da equipe de saúde para lidar com o paciente em situação de crise, como por exemplo um surto. Nessas situações de crise, o que se busca de imediato, na maioria das vezes, é a contenção física ou química que em nada favorece a expressividade emocional e a compreensão do momento vivido pelo paciente.

Essas dificuldades revelam o despreparo dos profissionais e o desconhecimento do método da Pré-Terapia como recurso a ser adotado nestas circunstâncias.

A Pré-Terapia não é apenas uma teoria ou uma técnica terapêutica. Ela possibilita uma outra percepção daquele que sofre, e uma nova forma de se relacionar com o mundo e com o outro. Oferece um outro jeito para se trabalhar, se relacionar e se comunicar, através da restauração ou desenvolvimento do contato psicológico.

Ela pode ser aplicada por profissionais da saúde mental, como psicólogos, psiquiatras e também por outros membros da equipe de saúde. Sua aplicação é de grande valia para as pessoas que trabalham em equipes de intervenção em crise, o que envolve não somente a equipe de saúde, mas também qualquer outra pessoa que esteja em contato permanente com o paciente com desordem de contato, desde que tenha sido instruída com o método da Pré-Terapia (incluindo aqui técnicos, familiares e cuidadores).

A aplicação da Pré-Terapia não fica limitada a um ambiente específico, e pode ocorrer em qualquer contexto onde o encontro existencial se faça possível (ambientes hospitalares, consultórios, em domicílio, salas, ambientes de instituições de assistência, instituições de longa permanência de idosos, locais públicos, etc.). Nesses locais, pode ocorrer uma infinidade de eventos e que devem ser aceitos e compreendidos pelo terapeuta.[37] Diante desses eventos o terapeuta terá a oportunidade de demonstrar a sua capacidade de aceitação, compreensão empática e autenticidade.

Por considerar a Pré-Terapia como algo essencial para todas as pessoas que lidam com pessoas com transtorno mental e comportamental

---

[37] Como por exemplo, no atendimento foi realizado no Canadá, por uma Assistente Social, no porão da fazenda onde o cliente morava. ...

busco difundir a técnica, em cursos de pós-graduação, cursos de formação de psicoterapeutas e de extensão envolvendo psicólogos, médicos, enfermeiros, assistente social e acadêmicos, enfatizando a importância do encaminhamento nos casos em que houver a indicação de acompanhamento psicológico. Conhecer a Pré-Terapia foi um aprendizado muito importante, ao qual eu recorri em diversas situações (consultório, no hospital geral, em emergência e desastres...) principalmente quando havia a suspeita de ruptura psicótica (algumas delas descritas neste capítulo como relato de experiência).

Compartilho aqui um relato bastante significativo de uma ex-aluna[38] que foi instruída no método da Pré-Terapia.

"Queria compartilhar uma experiência que tive usando a Pré-Terapia. Estive no CERSAM como usuária e reparei que tinha uma paciente inquieta sendo hostilizada por todos, inclusive pela equipe do serviço. Quando se aproximava de alguém... se eles não gritavam para ela 'dar o fora', mudavam de lugar. Como eu estava aguardando atendimento, observava o comportamento dela. O que ela falava não dava para entender. Fala embolada, incompreensível. E foi quando se aproximou de mim e eu fiz diferente. De alguma forma ela queria se comunicar. Lembrando das aulas e encontrando meu jeito, consegui que ela me mostrasse a bolsa. Das poucas coisas que entendia era sobre cigarro. Ela trazia um maço de cigarro vazio na bolsa e gesticulava como se estivesse fumando. Eu repeti o que ela fazia. Foi quando ela disse: cigarro. É incrível, Eunice, em pouco tempo ela me mostrou que queria fumar. Eu verbalizei que parecia que ela queria fumar. Foi quando ela caiu no choro. Disse coisas relacionadas à mãe... captei palavras soltas". (A aluna menciona o uso da reflexão corporal — duplicação empática e verbal — e isso fez com que a paciente se acalmasse, após se sentir compreendida, e que começasse a se expressar emocionalmente).

"Conseguiu ficar sentada, me mostrou que tinha dois vestidos na bolsa. Perguntei de qual ela gostava mais... e ela me mostrou. É interessante, também, que, outras pessoas, no início se assustaram comigo, porque eu não a rechacei" (O que revela o uso das atitudes facilitadoras pela aluna).

---

[38] Comunicação pessoal de uma ex-aluna, em 1º de abril de 2019, recebida por correio eletrônico, que consentiu a publicação do seu relato neste capítulo.

"E a forma de tratamento dos outros também mudou. Eles passaram a ser mais empáticos. É muito gratificante... mesmo com simples gestos obter grandes resultados". E a aluna completa: "só dela ter conseguido me dizer o que queria e ter-se acalmado, porque sinalizei a ela que eu entendi, já mudou o meu mundo".

Referências

APA – Associação Americana de Psiquiatria. **Manual diagnóstico e estatístico de transtornos mentais**: DSM-5. 5 ed. Porto Alegre: Artmed, 2014. Disponível em: <http://www.niip.com.br/wp-content/ uploads/2018/06/ Manual-Diagnosico-e-Estatistico- '''''''de-Transtornos-Mentais-DSM- -5-1-pdf.pdf>. Acesso em: 25 set. 2019.

BOSCO, E. M.; MIRANDA, E. M. F. Pensando no existencialismo à luz de um caso clínico. **Revista de Psicologia Hospitalar do Hospital Municipal Odilon Behrens**, Belo Horizonte, a. 1, n. 1, 1998.

CAMPOS, L. **R. La Pré-terapia de Garry Prouty**. 2008. Disponível em: <http://focusingexperiencial.blogspot.com/2008/10/la-pre-terapia-de-garry-prouty.html>. Acesso em: 23 nov. 2020.

CARRICK, L.; MCKENZIE, S. A heuristic examination of the application of pre-therapy skills and the person-centered approach in the field of autism. **Person-Centered and Experiential Psychotherapies**, [online], v. 10, n. 2, p.73-88, 2011. Disponível em: <https://doi.org/10.1080/1477975 7.2011.576555> Acesso em: 23 nov. 2020.

FREITAS, A. W.; MALISZEWSKI, R. A busca de contato psicológico com autista através da Pré-Terapia: um estudo de caso. **Revista Thêma et Scientia**, v. 6, n. 2E, p. 31-51, 2016. Disponível em: <http://www.thema-etscientia.fag.edu.br/index.php/RTES/article/view/291/306> Acesso em: 23 nov. 2020.

GREENBERG, L. S., WATSON, J. C., LIETAER, G. **Handbook of experiential psychotherapy**. New York: The Guilford Press, 1998.

LIMA, F. E. S. **Relato de experiência**: uma proposta transdisciplinar e sequencial realizada numa escola do campo. Disponível em: <http://www. editorarealize.com.br/revistas/conedu/trabalhos/TRABALHO_EV045_ MD1_SA3_ID7429_29082015233301.pdf> Acesso em: 23 nov. 2020.

MIRANDA, C. S. N. de; FREIRE, J. C. A comunicação terapêutica na abordagem centrada na pessoa. Arq. bras. psicol., Rio de Janeiro, v. 64, n. 1, p. 78-94, abr. 2012. Disponível em: <http://pepsic.bvsalud.org/scielo.php?script=sci_arttext&pid=S1809- 52672012000100007&lng=pt&nrm=iso>. Acesso em: 23 nov. 2020.

MIRANDA, E. M. F.; MOURTHÉ, G. M. A psicologia na urgência e emergência: atuação no acolhimento com classificação de risco. In.: SANTOS, L. C.; MIRANDA, E. M. F.; NOGUEIRA, E. L. (Orgs.) **Psicologia, Saúde e Hospital**: contribuições para a prática profissional. Belo Horizonte: Artesã, 2017.

MORATO, H.T.P. Um pré-contrato com a pré-terapia de Garry Prouty. **APACP** – Boletim da Associação Paulista da ACP. 1990. <https://apacp.org.br/diversos/artigos/um-pre-contrato-com-a-pre-terapia-de-garry-prouty/> Acesso em: 23 nov. 2020.

PROUTY, G. The pre-symbolic structure and therapeutic transformation of hallucinations. **Imagery**, v. 4, p. 99-106. New York: Plenum Publishing Corporation, 1986.

_____. **Pre-therapy**: A theoretical evolution in the person-centered/experiential psychotherapy of schizophrenia and retardation. In: LIETAER, G.; ROMBAUTS, J.; VAN BALEN, R. (Orgs.), **Client-centered and experiential psychotherapy in the nineties**. Leuven: Leuven University Press, 1990, p. 645-658.

_____. **Pré-terapia:** uma evolução teórica na psicoterapia experiencial centrada na pessoa. Lisboa: Encontro, 2001.

PROUTY, G.; CRONWALL, M. Psychotherapy with a depressed mentally retarded adult: an application of pre-trerapy. In: DOSEN, A.; MENOLAS-CINO, F. (Orgs.). **Depression in mentally retarded children and adults**. Leiden: Logon, 1990, p. 281-293.

ROGERS, C. R. Algumas lições de um estudo de psicoterapia com esquizofrênicos. In: ROGERS, C. R. et al. **De pessoa para pessoa:** o problema de ser humano, uma nova tendência na psicologia. São Paulo: Pioneira, 1976.

SEBASTIANI, R. W.; FONGARO, M. L. H. Roteiro de avaliação psicológica aplicada ao Hospital Geral. In: ANGERAMI, V. A. **E a psicologia entrou no hospital**. Belo Horizonte: Artesã, 2017.

STEPÁNKOVÁ, R. The experience with a person with autism. Phenomenological study of the experience with contact and contact reflections. **Person-Centered and Experiential Psychotherapies**, Chicago, v. 14, p.

73-88, 2015. Disponível em: <https://www.tandfonline.com/doi/figure/10.1080/14779757.2015. 1038396?scroll=top&needAccess=true>. Acesso em: 23 nov. 2020.

TAMBARA, N.; FREIRE, E. **Terapia Centrada no Cliente**: teoria e prática: um caminho sem volta... Porto Alegre: Delphos, 1999.

WERDE, D. V. **Garry Prouty**. Pré-Therapy International Network. 2009. Disponível em: <http://www.pre-therapy.com/garry-prouty>. Acesso em: 23 nov. 2020.

WERDE, D. V.; PROUTY, G. Clients with contact-impaired functioning: pre-therapy. In: COOPER, M.; O'HARA, M.; SCHMID, P. F.; BOHART, A. C. **The Handbook of person-centred psychotherapy and counselling**. 2 ed. New York: Palgrave Macmillan, 2013.

CAPÍTULO 4

Autismos e o olhar centrado na pessoa[39]

Gisella Mouta Fadda

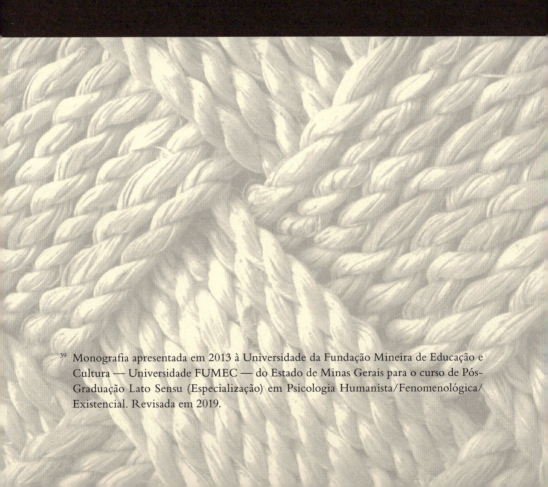

[39] Monografia apresentada em 2013 à Universidade da Fundação Mineira de Educação e Cultura — Universidade FUMEC — do Estado de Minas Gerais para o curso de Pós-Graduação Lato Sensu (Especialização) em Psicologia Humanista/Fenomenológica/Existencial. Revisada em 2019.

Um dia de chuva é tão belo como um dia de sol.
Ambos existem; cada um como é.

Alberto Caeiro, heterônimo de Fernando Pessoa

4.1 E uma nova criança chega à família

Imagine uma mesa com algumas cadeiras dispostas ao seu redor. Imaginou? Provavelmente você imaginou que as cadeiras são todas iguais e uniformemente distribuídas ao redor da mesa. Desista desta ideia.

Comecemos novamente.

Imagine uma mesa com algumas cadeiras dispostas ao seu redor. O mais belo dessa cena é que cada cadeira é de um jeito; uma delas é exuberante, com linhas que lembram o estilo barroco; outra cadeira já é maior e mais rústica, com linhas firmes e ao mesmo tempo biomorfistas; há também uma cadeira que, pressente-se, é aconchegante por si só, macia na medida certa, nem mais nem menos; há também aquela cadeia orgânica, em que suas linhas procuram uma integração com o meio ambiente através da forma, material e função; e tem aquela cadeira que acabou de ser colocada na mesa.

Assim é uma família, cuja diversidade de cada membro é o que a faz mais forte e bela, com suas especificidades, suas características, seus gostos e experiências que tornam, enfim, cada cadeira única. O problema começa a aparecer quando se tenta homogeneizar essas cadeiras: corta um pedaço aqui, lixa outro ali, remodela acolá, acrescenta um "tico" noutro lugar, para que todos os membros fiquem iguais, porque, afinal de contas, é difícil mesmo lidar com o diferente, não fomos acostumados com o diferente, muito menos com a diversidade de aprendizado, de inteligência e de experiências.

Mas por ora, deixemos esse assunto de diversidade de lado e coloquemos a atenção naquela cadeira novinha que acabou de ser colocada na mesa. É a metáfora de uma criança que acabou de chegar nesse mundo e ainda está se acostumando com tudo a sua volta. Experiencia tudo, descobre sabores, texturas, cheiros e aconchegos.

Entretanto, parece que essa criança não se envolve tanto com o mundo à sua volta; deixou de explorá-lo preferindo o isolamento, fica horas sozinha ou olhando um objeto que gira, chora muito, tem acessos de raiva com sons muito altos e quase não dorme. É uma diversidade maior ainda do que aquela que os pais estavam esperando.

"O que está acontecendo? O que o(a) meu(minha) filho(a) tem?", questionam-se os pais desesperados por suporem que seu filho esteja fora da "curva de desenvolvimento" esperada. Levado para vários especialistas, tudo o que os pais queriam ouvir é: "seu filho é normal" (GRINKER, 2010). Entretanto alguns meses depois, os especialistas concluem um diagnóstico: Transtorno do Espectro do Autismo.

"Autismo? Como assim?" Podem perguntar os pais atônitos. Diante de perguntas similares a esta, Arthur Fleischmann, pai de **Carly**, uma menina de apenas dois anos, ouviu dos especialistas (ABC NEWS, 2011): "Sua filha tem um atraso no desenvolvimento e no máximo atingirá o desenvolvimento de uma criança de seis anos. O perfil dela é de uma criança com autismo severo e com moderado retardo mental". Ao ouvir essa sentença, os pais sentiram como se lhes houvesse dado "um chute no estômago".

4.2 Autismos

4.2.1 Autismo infantil

O autismo foi descrito pela primeira vez em 1943, pelo psiquiatra austríaco Leo Kanner (1894–1981) no artigo *Autistic Disturbances of Affective*

Contact (Distúrbios Autista do Contato Afetivo), em que relatou 11 casos de crianças diferentes entre si, nascidas em lugares distintos, mas que apontavam para certa coerência de comportamentos.

Kanner começa seu relato assim:

> Desde 1938, têm chegado até nossa atenção, um número de crianças cujas condições diferem de forma marcante e tão única de qualquer relato até então registrado, que cada caso merece — e, eu espero que eventualmente receba — uma consideração detalhada de suas fascinantes peculiaridades. (KANNER, 1943, tradução nossa).

No primeiro caso, **Donald**, um garoto de cinco anos, tinha uma rara memória para rostos e nomes, porém não conversava e não fazia perguntas exceto usando palavras simples. Os pais de **Donald** relataram que desde cedo ele se sentia mais feliz quando sozinho, quase nunca chorava para ir com a sua mãe ou notava quando seu pai chegava a casa; a presença dos parentes era-lhe indiferente. Aos dois anos desenvolveu a mania de girar objetos; aos quatro, balançava sua cabeça para os lados; e, aos cinco, quando foi examinado, foram identificados os seguintes pontos: limitação para as atividades espontâneas, movimentos estereotipados com seus dedos, balançava sua cabeça de um lado para o outro, sussurrava ou cantarolava, girava com prazer qualquer objeto e organizava-os, separando por cores. Quando finalizava qualquer uma dessas atividades, **Donald** gritava e pulava até que sua mãe introduzisse outra atividade que ele gostasse. Nas palavras do pai: "ele parece quase fechado dentro da sua concha e vive dentro de si mesmo" (KANNER, 1943, tradução nossa).

Frederick, a criança citada no segundo caso, tinha seis anos e a sua mãe o descreveu como autossuficiente desde uma tenra idade; poderia deixá-lo sozinho que ele se entretinha com prazer. Seu comportamento diferenciava-se frente a pessoas e objetos: objetos o absorviam facilmente, brincando com atenção, enquanto parecia considerar as pessoas como intrusas, não sendo bem-vindas. Quando respondia às perguntas que lhe eram feitas repetia as palavras em uma forma de ecolalia (KANNER, 1943).

A terceira criança chamava-se **Richard,** e com três anos não falava e não respondia a questões, apesar de obedecer a comandos simples como sentar-se e levantar-se. Foi descrito como uma criança inteligente que gostava de brincar com seus brinquedos e que parecia bem autossuficiente nas suas brincadeiras. Não prestava atenção em conversações em torno dele e, apesar de emitir os sons "Ee! Ee! Ee!", não conseguia falar palavras reconhecíveis. **Richard** nunca apresentou um sinal antecipatório ao estar prestes a ser carregado, como acontece com as outras crianças (KANNER, 1943).

Paul, de cinco anos, a quarta criança relatada, possuía uma fala incoerente, não conseguia se adaptar às regras sociais e estava sempre ocupado com alguma coisa, parecendo estar extremamente satisfeito com isso a menos que alguém o interrompesse, reagindo com raiva contra qualquer interferência. Possuía bom vocabulário, com um único ponto de atenção: ele não conseguia usar o pronome pessoal na primeira pessoa (KANNER, 1943).

Barbara, a primeira menina citada no estudo, tinha oito anos e também não conseguia usar o pronome pessoal corretamente: usava o "eu" para se referir à sua mãe ou pai e o "você" para si própria. Tinha um vocabulário pobre aos dois anos, mas era muito boa tanto em soletrar palavras quanto na leitura e na escrita, apesar de não conseguir explicar o que acabara de ler. Também não conseguia aprender matemática. Seus desenhos mostravam-se estereotipados e sem imaginação. **Barbara** brincava com sua língua e mãos como se fosse um brinquedo (KANNER, 1943).

No sexto caso apresentado tem-se **Virginia**, uma menina de 11 anos que não brincava com outras crianças, não se interessava pelas pessoas em geral e não demonstrava afeição, mas parecia ter prazer em ter contato com objetos (KANNER, 1943).

Herbert, aos três anos, foi o sétimo caso. Era um menino sempre quieto, e por um tempo acreditou-se que fosse surdo, por não demonstrar nenhuma mudança de expressão quando falavam com ele e também não fazia nenhuma tentativa de falar ou formar palavras. Ficava aborrecido com qualquer modificação na sua rotina (KANNER, 1943).

Alfred, com três anos e meio, integrou o estudo de Kanner como sendo o oitavo caso, com a seguinte reclamação dos pais: ele tinha uma tendência a desenvolver um especial interesse pelo mundo dos objetos, falhava no desenvolvimento social, preferindo brincar só e falava pouco — apenas quando tinha interesse em algo, confundindo os pronomes (KANNER, 1943).

O nono caso foi **Charles**, com quatro anos e meio na época. Sua mãe reclamava que seu maior incômodo com relação ao filho era o fato de que "não conseguia fazer contato com seu bebê", e o que mais a impressionava era seu distanciamento e inacessibilidade. Relatou ainda que ele desde bebê era inativo, e que poderia ficar deitado no berço por horas apenas olhando para o nada, quase como se estivesse hipnotizado. Com um ano e meio começou a girar seus brinquedos, tampas de garrafas e jarras, e quando ele estava interessado em uma coisa, nada poderia desviar-lhe a atenção (KANNER, 1943).

John tinha dois anos quando foi descrito no décimo caso. A preocupação dos pais era primeiramente com a alimentação (nunca conseguiu se alimentar apropriadamente) e depois com seu lento desenvolvimento. Jogava os objetos no chão e não respondia a simples comandos, com exceção quando seus pais, com muita dificuldade, conseguiam chamar sua atenção para dar um tchau. Posteriormente, seu vocabulário melhorou, porém com uma articulação defeituosa. Aos 4 anos, era muito limitado nos contatos afetivos e estes eram reservados apenas a poucas pessoas (KANNER, 1943).

O último caso, **Elaine**, de sete anos, entrou no estudo também por seu atípico desenvolvimento: não entendia o jogo que outras crianças jogavam, não se entretinha com histórias que eram lidas para ela, não conseguia fazer abstrações, afastava-se e andava sozinha, tinha um carinho especial por todos os tipos de animais e ocasionalmente, imitava-os caminhando ou fazendo estranhos barulhos (KANNER, 1943).

Os pais dessas crianças costumavam se referir a elas como "autossuficientes", "como uma concha", "felizes quando estavam sós", "agiam como se as pessoas não existissem" e assim por diante, levando Leo Kanner a observar um fio condutor que ligava essas onze crianças (oito meninos e três meninas) entre si (KANNER, 1943).

Todas compartilhavam dificuldades em se relacionar socialmente, o que Kanner chamou de "solidão autista extrema". Possuíam dificuldades na linguagem (repetiam frases e não chamavam a si próprias de "eu"); algumas possuíam excelente memória; muitas tinham fixação por objetos; gostavam de movimentos giratórios e de repetições (como a manutenção de rotinas); outras ainda tinham horror a sons altos; e apresentavam limitado repertório de atividades espontâneas (KANNER, 1943).

Essas características observadas no estudo apontavam para uma nova síndrome, que Kanner viria a chamar de "Autismo Infantil";

diferenciando-a assim, da esquizofrenia infantil (KANNER, 1943). To-davia, o termo autismo já havia sido utilizado pelo psiquiatra Eugen Bleuler (1857–1939) em 1911 para descrever os sintomas fundamentais da esquizofrenia como os 4 A's: Associações, Afeto, Autismo e Ambivalência (SADOCK; SADOCK, 2007).

Autismo, que vem do grego "autos" e significa "eu mesmo" (GRINKER, 2010), é a tentativa de explicar em apenas uma palavra esse fechamento em si mesmo, essa aparente concha. Kanner (1943) queria demonstrar que essa principal característica, "solidão autista extrema", fazia parte de uma nova síndrome e não apenas um sintoma, como disse Bleuler. Apesar disso, muitas crianças autistas foram diagnosticadas com esquizofrenia infantil, como pode ser visto no filme biográfico da Dra. Temple Grandin, na década de 1950 (TEMPLE GRANDIN, 2010).

Adicionalmente ao diagnóstico de autismo, vinha a culpa. Naquele tempo, prevalecia a teoria de que as mães eram culpadas porque haviam feito seus filhos se tornarem autistas devido alguma falta de afeto da parte delas. (GRINKER, 2010; TEMPLE GRANDIN, 2010).

4.2.2 Síndrome de Asperger

Um fato interessante aconteceu na ciência médica naquela década de 1940. Pois no ano seguinte à publicação de Kanner, atravessando o oceano, outro estudo, publicado pelo pediatra austríaco Hans Asperger (1906–1980), descreveu quatro crianças do sexo masculino com graves distúrbios na interação social e na fala, além das incoordenações motoras. Asperger denominou esse conjunto de características como "Psicopatia Autista na Infância". Detalhe: Kanner e Asperger nunca conheceram o trabalho um do outro e ambos observaram características semelhantes em crianças incomuns, dando o mesmo nome à síndrome — autismo. (GRINKER, 2010, p. 67-68; KLIN, 2006; TAMANAHA; PERISSINOTO; CHIARI, 2008).

Outro ponto a ser destacado, segundo Grinker (2010, p. 68): Asperger, desde então, já acreditava que o autismo fazia parte de um es-pectro (ideia que só seria considerada pela comunidade científica muitas décadas depois), mas infelizmente seu trabalho foi interrompido após um bombardeio que destruiu seu laboratório na Áustria em plena Segunda Guerra Mundial. O trabalho de Asperger, publicado originalmente em alemão como *Die "Autistischen Psychopathen" im Kindesalter*, ficou restrito aos países germânicos até o ano de 1981 (KLIN, 2006) e sendo reconhecido pela Associação Americana de Psiquiatria (APA) apenas em 1994 (GRINKER, 2010).

4.2.3 O autismo na atualidade

Até a 4ª edição (DSM-IV-TR) do Manual diagnóstico e estatístico de transtornos Mentais da Associação Psiquiátrica Americana (2002), os diagnósticos de autismo infantil, síndrome de Asperger e transtorno global do desenvolvimento sem outra especificação eram feitos separadamente. Esses transtornos estavam classificados dentro dos Transtornos Globais do Desenvolvimento e apresentavam graves distúrbios nas áreas de interação social e repertório restrito de interesses e atividades.

Do mesmo modo, a Classificação de Transtornos Mentais e de Comportamento da Organização Mundial da Saúde (1993), 10ª revisão (CID-10), separava os Transtornos Globais do Desenvolvimento em autismo infantil, autismo atípico, síndrome de Rett, outro transtorno desintegrativo da infância, transtorno com hipercinesia associada a retardo mental e a movimentos estereotipados e a síndrome de Asperger. Todos se caracterizavam por alterações qualitativas da interação social e modalidades de comunicação, e por um repertório de interesses e atividades restrito e estereotipado que se manifestam antes dos três anos.

Entretanto, a partir de 2013, com a publicação do DSM-5 (APA, 2014), os diagnósticos de autismo infantil, síndrome de Asperger e transtorno global do desenvolvimento sem outra especificação passaram a receber o mesmo diagnóstico: Transtorno do Espectro do Autismo. Seguindo a mesma linha, em 2018, a nova classificação de doenças, o CID-11 da OMS unificou os transtornos sob o código: 6A02. Entretanto, a CID-11 só entrará oficialmente em vigor a partir de 1º de janeiro de 2022.

O Transtorno do Espectro do Autismo (TEA) faz parte do grupo dos transtornos do neurodesenvolvimento que se manifestam durante o período de desenvolvimento e "acarretam prejuízos no funcionamento pessoal, social, acadêmico ou profissional". O TEA apresenta dificuldades em dois campos: (a) na comunicação e interação social e, em (b) padrões restritos e repetitivos de comportamento, interesses e atividades (APA, 2014, p. 31-32).

4.2.4 Autismos

Não existem duas pessoas diagnosticadas com autismo que sejam iguais. Não existe um tipo de autismo. Há vários autismos, visto que não há dois cérebros iguais no mundo. O autismo representa centenas de configurações da expressão, forma e intensidade das manifestações para cada caso. Dessa maneira, a palavra *espectro* é a mais utilizada atualmente para designar esses tipos distintos de autismo (EM BUSCA DE UM NOVO CAMINHO, 2012; PELPHREY et al., 2011; SACKS, 1995; FREITAS et al., 2014).

Quando o autismo foi descrito na década de 1940, pensou-se inicialmente que estivesse ligado a questões psicológicas, como um problema de relacionamento entre as mães e as crianças ditas autistas que as levava a não se relacionarem depois com outras pessoas (EM BUSCA DE UM NOVO CAMINHO, 2012; GRINKER, 2010; TEMPLE GRANDIN, 2010).

Nos últimos anos, a hipótese mais aceita é que há uma base genética[40], e também componentes ambientais, que associados podem fazer algumas modificações neuronais. Em um estudo de 2012 coordenado por Alysson Muotri, biólogo molecular e doutor em genética — Modelando Autismo com Neurônios Humanos (*Stem Cells and Modeling of Autism Spectrum Disorders*), Universidade da Califórnia (San Diego) — conseguiu-se pela primeira vez simular neurônios autistas e compará-los com neurônios normais, sendo identificadas então diferenças nos tamanhos e nas ramificações necessárias para as sinapses, ou comunicação cerebral (FREITAS et al., 2014).

Também no estudo apresentado por Chaste e Leboyer (2012), o autismo é relatado como uma combinação de fatores genéticos e ambientais, entretanto não se consegue ainda identificar quais interações entre os genes e os fatores ambientais afetam o desenvolvimento do cérebro das crianças.

Por isso, atualmente se considera que existam pessoas com diferentes tipos de "projeto de cérebro" em que cada criança diagnosticada com autismo ou com a síndrome de Asperger possui suas características próprias, apesar de sofrerem com alterações precoces na interação social,

---

[40] A base genética não significa necessariamente que seja apenas hereditária, mas pode haver modificações genéticas no momento da concepção.

impactando em seu desenvolvimento global, seja na comunicação, sejam nos padrões limitados ou estereotipados de comportamentos e interesses. Em suma, as crianças possuem grandes desafios que enfrentarão pela vida inteira, independentemente do rótulo (EM BUSCA DE UM NOVO CAMINHO, 2012; KLIN, 2006).

Leo Kanner, na verdade, nunca se interessou pelos rótulos, "pois os achava desumanizadores", e há o relato de que em uma ocasião no hospital que era o responsável, um médico disse na frente da paciente (GRINKER, 2010, p. 51):

> Eu não consigo decidir se é demência precoce ou histeria.
>
> Ao qual Kanner respondeu "furioso":
>
> "O nome dela é Srta. Geral."

4.3 O olhar centrado na pessoa

> *O encontro com o outro só é possível quando o aceitamos*
> *com toda diferença que ele traz.*
> Maria Cândida Viana Pereira[41]

4.3.1 O homem, uma visão humanista

Há muito se procura a verdade essencial e profunda a respeito do homem. O uso da palavra *verdade* na filosofia significa o despojamento das opiniões pessoais, opiniões subjetivas, parciais, dado que a filosofia assume uma procura racional, pensa com a razão, não fazendo uso de intuições, opiniões subjetivas e crenças. Nesse sentido, procura-se um conhecimento racional, que se possa provar por meio de raciocínios a compreensão do homem.

No seu tempo, cada pensador tentou responder questões acerca do homem, mas sendo impossível abarcar toda a verdade sobre estes, volvia seu olhar para uma determinada verdade a respeito daquilo que

---

[41] Dedicatória escrita por Maria Cândida no livro consultado, *Uma menina estranha: autobiografia de uma autista*, de Temple Grandin.

estava percebendo, observando, criando dessa forma uma concepção de homem, ou seja, um conjunto de afirmações sobre o modo como o via.

"Eu prefiro ser essa metamorfose ambulante, do que ter aquela velha opinião formada sobre tudo" (Seixas, 1977). O trecho da música de Raul Seixas revela uma ideia sobre o ser humano, uma ideia que foge completamente do congelamento de velhas opiniões formadas a respeito do que seria o homem.

O perigo das opiniões formadas sobre o homem é de se colocar rótulos seguindo conceitos pré-definidos, é o de dar um veredito sobre a sua identidade, sem possibilidades de se desgrudar do rótulo que lhe foi atribuído. "Lembro o dia em que **Isabel** foi diagnosticada como autista como o dia em que ela se tornou autista" (Grinker, 2010, p. 35), assim relata o pai de **Isabel**. É quase como colocar uma etiqueta no ser humano, etiqueta esta que muitas vezes pode ser prejudicial no processo terapêutico.

Assim, questões fundamentais emergem: o que é o homem? Qual a sua essência? Qual a sua identidade enquanto ser humano? Ou ainda, quem é o homem? Será que o conhecemos mesmo quando é feita apenas uma descrição?

Questionamentos como esses fizeram despontar a questão do Humanismo. De acordo com Holanda (1998, p. 19), o humanismo é uma ideia, centrada no humano, que surge como uma procura pelo sentido de ser do homem. É um esforço contínuo pela compreensão de sua totalidade, pela sua integralidade.

Dessa forma, o movimento humanista acabou por entrar na psicologia, que ainda estava centrada no modelo das ciências exatas e tentava estabelecer leis e regras do psiquismo. A compreensão do homem era parcial, viam-se apenas alguns aspectos, tentando-se tomar as partes pelo todo (Holanda, 1998, p. 38).

Como cada teoria diz respeito a determinados fenômenos em um período de tempo sobre os fatos que estão acontecendo, faz-se um paralelo entre as teorias e os mapas para uma melhor compreensão. É como se cada teoria sobre a natureza humana fosse um mapa a nos orientar sobre como circular no campo (nos fenômenos). Cada mapa, por sua vez, mostra um aspecto do campo, como acontece com o mapa político que mostra as fronteiras, o mapa geológico que indica o solo de uma dada região, o mapa hidrográfico que menciona os rios, e assim por diante.

Da mesma forma, para cada teoria, há uma concepção de ser humano diferente, uma vez que se trabalha sobre um pressuposto do que seja a natureza humana. Uma possui mais ênfase na história da pessoa do que na biologia; outra possui mais ênfase no passado, em oposição à outra que dá mais ênfase no presente e no futuro. Uma é mais negativa, outra mais otimista.

A partir da necessidade de se estender essa visão limitada de homem, que o restringia a alguns elementos, nasce a Psicologia Humanista com a intenção de abordar o gênero humano dentro de sua inteira complexidade (HOLANDA, 1998).

Compreendem-se então as características e orientações fundamentais da Psicologia Humanista como: o "homem é mais do que a soma das partes", o "homem tem seu ser em um contexto humano", o "homem é consciente" (seja qual for o grau de consciência), "o homem tem a capacidade de escolha" e por fim, o "homem é intencional" (busca situações de homeostáticas e de variedades) (HOLANDA, 1998, p. 41).

De tal forma que se pode classificar a abordagem humanista em Psicologia como fenomenológica com direcionamentos existenciais, cuja base é a experiência consciente e concreta da pessoa, a totalidade e integridade do ser humano, conferindo importância à sua liberdade e à sua autonomia. O homem não "é", mas "está", pois se forma a cada momento de sua vivência, em uma visão dinâmica e dialética (HOLANDA, 1998, p. 42).

A Psicologia Humanista não constituiu, assim, uma teoria única de personalidade, de psicoterapia e de psicopatologia. Seu comprometimento estava voltado ao processo do ser humano e com o futuro desse homem, futuro definido pelo próprio homem, que o permite crescer e se desenvolver continuamente (HOLANDA, 1998, p. 46-47).

No final da década de 1950, um psicólogo norte-americano chamado Abraham Maslow (1908–1970) começou a se questionar sobre a Psicologia após o nascimento da sua filha e suas crescentes insatisfações com o método experimental (*Behaviorismo*) e com a teoria construída a partir de pessoas neuróticas (não saudáveis), como a Psicanálise (SCHULTZ; SCHULTZ, 2004).

Para Maslow (1968), o rigor do método deixava escapar o principal, em detrimento da pessoa, não era necessário ver apenas a "metade doente", uma vez que não se poderia construir uma teoria da personalidade a partir de pessoas que não atingiram o seu auge — ou tudo o que posso ser como pessoa. O essencial seria conseguir observar as partes boas de cada um.

Assim, nesse contexto, nasceu em 1961 a Rede Eupsiquiana, com a ênfase no lado saudável do ser humano. Era formada por um grupo de pessoas — Abraham Maslow, Rollo May e Gordon Allport, entre outros — cuja maioria era dissidente de Sigmund Freud, devido à insatisfação com a teoria psicanalítica e também à afinidade com algumas ideias. Em seguida, decidiram criar uma revista e batizaram-na de *Revista de Psicologia Humanista*, e em 1963 fundaram a Associação Americana de Psicologia Humanista. Sendo assim, Maslow transportou essa filosofia humanista para uma nova forma de se fazer psicologia, chamada por ele de Psicologia Humanista (BOAINAIN JR., 1998).

Nesse grupo havia também um psicólogo chamado Carl Rogers (1902-1987), que, com sua experiência clínica, aplicou a Psicologia Humanista à Psicoterapia e Relações Humanas (HIPÓLITO, 1999).

Em simpósio sobre o enfoque existencial em Psicologia, realizado em 1959 por ocasião da convenção anual da Associação Americana de Psicologia, Rogers fez uma intervenção comentando os trabalhos apresentados. Analisou duas fortes correntes no pensamento norte-americano de então, que representam dois modos distintos de conhecer, de fazer ciência (MAY, 1974).

Rogers (1974) discutiu sobre esses dois modos de fazer ciência no texto *Duas Tendências Divergentes*: uma Objetiva e outra Existencial. De um lado, um método reducionista, descritivo, em que a objetividade e neutralidade do observador são obrigatórias; do outro, um método fenomenológico, compreensivo, onde se inclui também a subjetividade do observador. Para uma melhor comparação entre esses dois métodos de ser fazer ciência, montou-se o Quadro 1.

Quadro 1 – Comparações entre a forma Objetiva e Existencial de se fazer ciência

Tendências	Objetiva: Fazer/Explicar	Existencial: Ser/Compreender
Caracte-rísticas	Teoria Reducionista	Teoria Fenomenológica
	Termos objetivos	Termos subjetivos
	Definições operacionais e Procedimentos experimentais	Percepção das condições da pessoa
	Visão dos comportamentos observáveis	Visão global, holística do ser, centrada na experiência
	O futuro é determinado pelo passado (determinação)	Arquiteto do seu próprio futuro
	A maneira de fazer é fazer (manipulador inteligente)	A maneira de fazer é ser autêntico (transparência na relação)
	Ênfase na mudança do comportamento	Ênfase nos fenômenos humanos
	Conhecer a partir de fora	Conhecer a partir de dentro
	Relação Sujeito–Objeto	Relação Sujeito–Sujeito
Reflexos da Psico-terapia na Ciência	Modelagem do comportamento	Afirmação do que se é, como pessoa única
	Visão determinista	Visão aberta às suas experiências
	Ênfase no conhecimento dos processos de aprendizagem	Ênfase na tendência organísmica à autorrealização
	Dificuldade de lidar com situações novas	Mais impulsos criativos para resolver novas situações

O resultado da psicoterapia seguindo a tendência objetiva seria a aquisição de comportamentos novos, saudáveis e socialmente mais aceitos que aqueles que causaram o problema. Já para a tendência existencial, o resultado esperado seria a aquisição de mais autonomia, aceitação do que se é, com a capacidade de escolha de seu próprio caminho (ROGERS, 1974).

Para Rogers, o melhor seria observar o grau de compreensão que a pessoa dá à experiência, pois o que importa é que tipo de significado que cada um faz da sua experiência vivida. A ciência que se fazia até então se ocupava apenas do comportamento, distanciando-se da experiência; e a Fenomenologia, ou o método fenomenológico em que se baseia a atuação da Psicologia Humanista, pretende perceber de uma maneira diferente a experiência, testando a compreensão do fenômeno ou verificando as percepções do psicoterapeuta com o outro — encontrando a essência da psicoterapia — que é "o encontro de duas pessoas" (ROGERS, 1974, p. 100).

Entretanto, como posso fazer ciência a partir dessa mudança na forma de conhecer o ser humano, passando da explicação (teorias vigentes na época) para a compreensão (mais humanista)? Uma maneira de responder a essa questão pode ser vista na evolução do pensamento de Rogers.

A primeira fase — chamada de *Psicoterapia Não-Diretiva*[42] — surgiu em oposição às teorias que propunham que o terapeuta dirigisse o atendimento, cujo núcleo era a não-direção, era caracterizada pelo uso da reflexão de sentimentos, de um ouvir mais compreensivo, mais sensível, de uma postura permissiva do terapeuta, com aceitação, e que confiava no processo de mudança do cliente. Entretanto, houve muitos equívocos acerca dos termos não-diretividade (que indica a ideia de uso interpretações, conselhos, prescrições e sugestões) e não-direção (que indica a ideia de significação) que geraram críticas ao pensamento inovador de Rogers (BOAINAIN JR., 1998; HOLANDA, 1998).

A segunda fase — *Psicoterapia Centrada no Cliente*[43] — indicava uma evolução geral do pensamento e da prática de Rogers, privilegiando-se as condições facilitadoras[44] para a mudança na personalidade e a tendência atualizante como alicerces para a atuação do terapeuta (BOAINAIN JR., 1998; HOLANDA, 1998).

---

[42] Fase não-diretiva, compreendida entre os anos de 1940-1950 (MOREIRA, 2010).

[43] Fase reflexiva, entre os anos de 1950-1957 (MOREIRA, 2010).

[44] As condições facilitadoras: congruência, aceitação e compreensão empática serão revisitadas posteriormente nesse trabalho.

Cury (1987, p. 16) esclarece que o termo "'Centrar-se' no cliente sugere não apenas um papel mais ativo por parte do terapeuta; também significa que ele torna o cliente como foco de sua atenção".

A terceira fase — *Psicoterapia Experiencial*[45] — destaca tanto a experiência do cliente quanto a do próprio terapeuta conectada à do cliente no processo psicoterápico. A relação terapêutica vem com uma maior conotação de encontro, presença e congruência. Há o olhar sobre o que o cliente está experienciando e há o olhar sobre o que o terapeuta está experienciando em contato com o cliente. Nessa fase, Carl Rogers influencia e é influenciado por Eugene Gendlin (1926–2017), um jovem filósofo com bases referenciais fenomenológicas e existenciais, propondo o termo *experienciação*[46] para designar o "fluxo experiencial" vivido no momento presente (BOAINAIN JR., 1998; HOLANDA, 1998; MESSIAS, 2001).

A partir de 1970, Rogers propõe a *Abordagem Centrada na Pessoa* (ACP), cujas bases filosóficas e práticas poderiam ser utilizadas em vários contextos em que as inter-relações são o eixo principal desse conceito de homem compromissado com o seu devir, marcado pelo desenvolvimento dinâmico e flexível e orientado para a autorrealização (BOAINAIN JR., 1998; HOLANDA, 1998).

Em suma, Rogers, segundo Parreira [1990], tem uma visão dinâmica e fundamentalmente positiva e otimista sobre o ser humano: o homem é capaz de compreender-se, de resolver seus problemas, de chegar ao equilíbrio emocional e à maturidade psicológica. Essa capacidade é uma tendência natural para a atualização das potencialidades do organismo.

Em entrevista concedida à revista Veja em 16 de fevereiro de 1977, o próprio Rogers afirmou (OLIVEIRA, 1977):

> O ser humano, como todos os organismos, tende a crescer e a se atualizar. É claro que todos os fatores sociais, econômicos e familiares podem interromper esse crescimento, mas a tendência fundamental é em direção ao crescimento, ao seu próprio preenchimento ou satisfação.

---

[45] Fase experiencial, de 1957 a 1970 (MOREIRA, 2010).

[46] *Experienciação* é a tradução mais utilizada no Brasil para o termo *experiencing* de Gendlin, indicando a ideia de processo (MESSIAS, 2001, p. 59).

Dentro de nosso organismo há uma força vital que motiva as realizações dentro das possibilidades; é uma característica inata do nosso organismo, surge das características biológicas do nosso organismo. O organismo vivo possui inerente essa força vital que o faz se desenvolver, e no seu desenvolvimento surgem as possibilidades. À medida que surgem essas possibilidades, o homem procura meios para realizá-las.

Assim, essa tendência existe, e se deixar a criança atuar livremente, dando a ela consideração positiva incondicional, a criança vai buscar aquilo que é importante para ela.

Assim aconteceu com **Carly**.

Assim aconteceu com **Temple**.

Assim aconteceu com **John**.

4.3.2 Um jeito de ser autista

Muitos olhares já se deitaram — desde 1940 até agora — com relação ao autismo, ou transtorno autístico, ou autismo da infância, ou autismo infantil ou autismo infantil precoce, sem esquecer a síndrome de Asperger, ou ainda, mais recentemente a desordem do espectro autista. Nos últimos dez anos foram publicados mais de 33 mil trabalhos no Portal de Literatura Biomédica dos Estados Unidos (PubMed, cujo site é http://www.ncbi.nlm.nih.gov/pubmed).

Todavia, sempre de um mesmo ângulo: o ponto de vista do observador (teoricamente neutro), um jeito positivista de se pensar o sujeito (observador) e o objeto (autista). Sempre um olhar externo, "a partir de fora", reduzindo a pessoa com autismo aos seus comportamentos estereotipados e observáveis.

Já o método fenomenológico proposto oferece outro olhar: se se quer saber a verdade sobre alguém, deve-se interrogar esse alguém. Compreender as vivências do outro a partir de seu ponto de vista implica um descolar-se para "dentro do outro" e perceber como ele as vivencia.

É possível ter essa compreensão mesmo com o isolamento autístico? Com o mutismo, muitas vezes? Há muitas biografias de pessoas com autismo que podem esclarecer sobre esse jeito de ser.

Comecemos por **Carly** Fleischmann.

Carly nasceu em Toronto, Canadá, em uma manhã cinzenta de janeiro de 1995, às 7h38, e sua irmã gêmea, Taryn, nasceu 14 minutos depois. Elas têm um irmão, Mathew, quatro anos e meio mais velho (FLEISCHMANN, 2012).

Após poucas semanas de vida, **Carly** já possuía um olhar assustado e excêntrico, combinando com seu comportamento peculiar. E antes mesmo do primeiro aniversário das gêmeas, ficou óbvio para os pais, Arthur e Tammy, que **Carly** e Taryn estavam indo para direções diferentes no desenvolvimento:

> Enquanto a pele de Taryn tinha a suavidade de uma pele de bebê, a de Carly era rachada e avermelhada. Os olhos de Taryn pareciam sorrir quase desde seu nascimento, enquanto que Carly possuía, muitas vezes, um fixo olhar sonolento. E enquanto Taryn desenvolvia-se realizando todos os marcos infantis apropriados, Carly definhava. A maior diferença entre as garotas, contudo, eram suas personalidades. Taryn era feliz e pacífica; Carly chorava incessantemente. (FLEISCHMANN, 2012, p. 14, tradução nossa).

E apesar de, a princípio, o pediatra das meninas não ter ficado alarmado, os pais ficaram e levaram-na a um psicoterapeuta do Hospital para Crianças Doentes (*Hospital for Sick Children*). Este foi o primeiro do que se tornaria uma "legião de especialistas" — neurologista, otorrinolaringologista, geneticista, nutricionista, terapeuta físico, terapeuta ocupacional, pediatra do desenvolvimento, fonoaudiólogo e psicólogo — em que repetiriam a mesma história clínica de **Carly**, muitas e muitas vezes. **Carly** tornou-se conhecida pela legião de especialistas como "o enigma do Hospital para Crianças Doentes", sendo diagnosticada primeiramente com um atraso no desenvolvimento global. Depois vieram uma infinidade de exames de sangue, biópsia da pele, estudos metabólicos e testes auditivos, entre outros, e tudo o que os pais obtinham como resposta era uma lista do que "**Carly** não conseguia fazer", ou seja, um inventário de inabilidades. E mesmo quando **Carly** conseguia desenvolver alguma habilidade, os especialistas lembravam aos pais quão distante ela estava dos irmãos (FLEISCHMANN, 2012).

Finalmente, aos dois anos, o pediatra do desenvolvimento diagnosticou **Carly** com "autismo severo, apraxia oral e com moderado a severo atraso no desenvolvimento". Arthur Fleischmann conta que ouvir o diagnóstico foi como se lhe tivessem dado "um chute no estômago". E com o tempo parou de perguntar "por quê?" e começou a perguntar "e agora?" "Nós tínhamos o diagnóstico, mas pouco conhecimento sobre o que poderia ser feito para ajudar **Carly** a escapar do redemoinho" (FLEISCHMANN, 2012, p. 26, tradução nossa).

Fleischmann (2012, p. 27) relata em seu livro autobiográfico que **Carly** não falava, não andava ou mostrava qualquer interesse em brincar, e que os pais não sabiam como educá-la ou cuidar da filha: "era como uma gota de mercúrio: visível, densa e real, mas ao tentar agarrá-la, fugia do nosso alcance".

Foram anos de terapeutas de todos os tipos, e quando os pais achavam que uma abordagem não funcionava, procuravam outra. Sua rotina era composta de escola especial pela manhã, tardes e finais de semana com terapeutas do método ABA (*Applied Behavior Analysis* — Análise do Comportamento Aplicado[47]) e noites dormindo pouquíssimo. A sua hiperatividade era uma constante deixando seus pais não apenas cansados fisicamente, mas também "entediados", "frustrados" e "com raiva"[48]. (FLEISCHMANN, 2012).

Enquanto terapeutas ABA e outros iam e vinham, duas pessoas foram constantes e que fizeram a diferença. Uma delas foi a fonoaudióloga Barb Nash Fenton:

> Barb era parte mãe, parte professora e parte mágica. Uma mulher pequena, com seus quarenta e poucos anos, que tinha uma atitude tranquila e confiante. Seus relatórios semanais e recomendações eram lidos como ordens. E como soldados perdidos, estávamos felizes em passar o controle. Depois de anos vendo os médicos oferecerem pouca ajuda prática, foi um alívio ter a calma direção de Barb. Apenas sua presença já aliviou a tensão. Com o contato diário em Northland (escola frequentada pelas manhãs por Carly), *Barb viu um lado de* **Carly** *que ninguém mais via.* (FLEISCHMANN, 2012, p. 45, tradução e grifo nosso).

Barb percebeu que **Carly** conseguia se livrar de situações quando não queria estar presente, ou seja, conseguia resolver seus problemas com inteligência. Depois de anos de especialistas listando as dificuldades de

---

[47] Carly começou com a terapia ABA aos quatro anos.

[48] Nesse período, Tammy, sua mãe teve linfoma e precisou fazer quimioterapia, dificultando ainda mais a vida da família Fleishmann.

Carly, Barb foi a primeira pessoa a registrar os pontos fortes de **Carly** e procurar maneiras de explorá-los (FLEISCHMANN, 2012).

O outro terapeuta, referenciado pelo pai no livro e descrito como uma "intervenção divina" e até mesmo comparando-o a Mary Poppins (a fictícia babá do filme de mesmo nome que ajudou uma família com suas crianças rebeldes e incompreendidas), foi Howard, que chegou à família dia 6 de agosto de 2001 — **Carly** tinha então seis anos (FLEIS-CHMANN, 2012).

Howard teve acesso aos terapeutas ABA de **Carly** para treinamento, entretanto sua intuição, iniciativa e tenacidade provou ser mais forte que qualquer livro-texto sobre educação que poderiam dar a ele. Howard tornou-se o eixo principal na vida de **Carly**. (FLEISCHMANN, 2012). Sobre os dois terapeutas, Fleischmann (2012, p. 57, tradução e grifo nosso) relata:

> Embora ele [Howard] fosse respeitoso com o líder da equipe ABA e outros terapeutas, em poucas semanas ficou claro que seu vínculo era mais forte com Barb do que com qualquer outro especialista. *Onde ABA seguia as regras e protocolos, Barb e Howard seguiam Carly. Eles pareciam perceber detalhes sobre ela que os outros perdiam.*

Barb e Howard tinham apenas uma direção. A direção dada por Carly.

Em outra parte do livro, Fleischmann (2012, p. 90, tradução nossa) complementa:

> Barb e Howard nunca pareceram questionar se Carly era capaz — apenas como tornar possível, o impossível. [...] Ao contrário de alguns terapeutas ABA falarem com Carly artificialmente em tons exuberantes e infantis, Barb conversava com ela como se fosse uma igual – algo que Howard imitou imediatamente.

Barb tinha suspendido o julgamento interno do que um autista era ou não capaz de fazer, simplesmente permitiu-se conhecer e ser conhecida por **Carly**. Nas palavras do pai (FLEISCHMANN, 2012, p. 91-92), parecia que Barb "nunca tinha duvidado da determinação e habilidade de **Carly** ao crescimento". E paralelamente, **Carly** sentiu em Howard alguém que "nunca iria desistir dela e ele exigia dela mais que qualquer outro terapeuta".

Ambos os terapeutas empregavam todos os meios de comunicar a **Carly** que ela tinha a atenção total deles, física e psicológica, que ela os interessava como a pessoa que já era. Eles valorizam **Carly**, permaneciam ao seu lado mesmo nas piores crises, birras e até quando ela se sujava com suas fezes e eles ajudavam a limpar. Isso lhe dava segurança. As necessidades de segurança são primordiais, são básicas nas pessoas.

O antropólogo Renato Queiroz (EM BUSCA DE UM NOVO CAMINHO, 2012) esclarece que "o ser humano precisa de outro ser humano, para ser um ser humano". Similarmente a essa ideia, a psicóloga Marian Kinget (ROGERS; KINGET, 1975, p. 39-40), que trabalhou junto com Rogers, diz que são necessárias "certas condições, um certo clima interpessoal" para que o desenvolvimento humano saudável aconteça. Ambas as visões, antropológica e psicológica, elucidam acerca do processo de humanização. O homem tem a necessidade de ter um encontro profundo com o outro, que aquilo que é expressado, que é vivenciado, deve ser considerado. É necessário "um outro", sejam pais, sejam professores, sejam amigos ou terapeutas que o acolha, que o compreenda, que o considere. O terapeuta deve ter a habilidade de compreender isso, de compreender as falas cifradas e também de compreender os silêncios.

Quando alguém vai na terapia, precisa ser compreendida e ser considerada (não necessariamente aprovada). É a necessidade de consideração que está presente em cada ser humano. Mas como é essa questão de compreender? Compreender o seu modo de ser, compreender esse significado, esse mundo que ela vive.

Certa feita, a família Fleischmann passeava perto de um lago na companhia de Howard quando de repente, **Carly** saiu correndo, arrancou suas roupas e pulou no lago gelado. Os pais ficaram horrorizados enquanto Howard caminhava calmamente até a beira. O pai gritou com Howard. E ele respondeu com naturalidade: "**Carly** ama a água, ela tem nadado assim há algumas semanas". E antes que o pai perguntasse, Howard continuou: "ela odeia roupas de banho". Arthur sentiu como se lhe apresentasse uma estranha e se perguntou quantos pais precisavam de um garoto de 23 anos que os ajudasse a compreender o mundo de seus filhos (FLEISCHMANN, 2012, p. 106, tradução nossa).

Todavia, apesar dos avanços, as noites insones e os dias caóticos continuavam, precisando de supervisão todo o tempo. Furacão é uma palavra constantemente utilizada no livro para descrever o comportamento de **Carly**. A verdade é que o universo autista é estranho para os nós e o nosso é esmagador para aqueles diagnosticados com autismo. Segundo os especialistas, as famílias que convivem diretamente com o autismo vivem em um mundo à parte, nem fazem parte do mundo autístico de suas crianças e nem fazem parte inteiramente da sociedade (FLEISCHMANN, 2012).

Uma equipe de 10 a 12 pessoas que cuidavam de **Carly** se reunia de tempos em tempos para reavaliar e ajustar adequadamente o programa. Esse processo foi fundamental na abordagem ABA para ajudar **Carly** a se tornar mais sociável, embora o caráter científico e clínico fosse desumano. Segundo o pai, às vezes, a casa parecia mais um grande experimento que uma família com seus terapeutas, pranchetas, gráficos e toda a parafernália envolvida (FLEISCHMANN, 2012).

Com o início da adolescência, o mundo de **Carly** ficou ainda mais caótico. Mas um fato inteiramente novo aconteceu. Quando ela tinha 10 anos, **Carly** estava inquieta e excêntrica durante todo o dia; choramingava, corria ao redor da sala, não queria completar suas tarefas. Quando então Barb perguntou: "O que você quer? Sente-se e nos ajude a entender o que você precisa". Para sua surpresa, **Carly** começou a digitar lentamente com seu dedo indicador direito as seguintes letras: "HE-L-P T-E-E-T-H H-U-R-T", o que, traduzido livremente, é "socorro dentes doem". Não é necessário dizer que isso aconteceu apenas na frente de Barb e Howard, as pessoas-critério[49] de **Carly**. E que eles ficaram completamente atônitos. E que seus pais não acreditaram, achando que talvez Barb e Howard tivessem exagerado ao contar-lhes o ocorrido. Afinal, os médicos não lhes tinham dito durante toda a última década que **Carly** tinha deficiência cognitiva? (FLEISCHMANN, 2012, p. 112).

Maslow (1968, p. 74) no seu livro *Introdução à Psicologia do Ser* escreveu que "progredimos quando os prazeres do crescimento e a ansiedade da segurança são maiores do que a ansiedade do crescimento e o prazer da segurança"; a relação dinâmica entre crescimento e segurança indicou para qual lado **Carly** deveria caminhar. Isto é, a criança segura

---

[49] A pessoa-critério (que pode ser o pai, a mãe, ou outra pessoa influente na vida de uma criança) é de suma importância na constituição do novo ser que precisa de uma consideração positiva e aceitação para se desenvolver.

caminha corajosamente para o desenvolvimento de suas capacidades, a coragem vence o medo. Barb e Howard ajudaram **Carly** a sentir-se segura o suficiente para poder se desenvolver.

Uma porta havia sido aberta para o seu mundo e **Carly** começou a se revelar, não parando mais de escrever. Ela escreveu sobre sua inquietação e hiperatividade: "Você não sabe o que é a sensação de ser eu, quando você não pode ficar parado porque suas pernas estão pegando fogo, ou sente como se uma centena de formigas estivesse rastejando em seus braços" (ABC NEWS, 2011).

Sobre a dificuldade de olhar no rosto de outra pessoa: "eu tiro centenas de fotos do rosto de uma pessoa ao olhar para ela. Por isso é difícil para nós, olhar para alguém" (ABC NEWS, 2011).

Sobre seu comportamento de bater a cabeça no chão: "se eu não bater a cabeça parece que meu corpo vai explodir. É como quando você aperta uma lata de Coca-Cola. Se eu pudesse parar, eu pararia, mas não é como um interruptor que possa desligar" (ABC NEWS, 2011).

Sobre seus sentimentos e desejos: "eu queria poder ir para a escola com crianças normais, mas não quero que fiquem com medo se eu bater na mesa ou gritar. Eu queria poder apagar esse fogo" (ABC NEWS, 2011).

Sobre sua noção do eu: "eu sou autista, mas isso não é quem eu sou. Leve um tempo para me conhecer antes de me julgar: sou bonita, engraçada e gosto de me divertir" (ABC NEWS, 2011).

Importante frisar que de acordo com Kinget (ROGERS; KINGET, 1975) não apenas a tendência à atualização como a noção do "eu" são fundamentais para a constituição da personalidade e determinação do comportamento, sendo que a primeira se refere ao "fator dinâmico" e a segunda, ao "fator regulador".

Kinget esclarece mais sobre a noção de "eu" como:

> Uma estrutura perceptual, isto é, um conjunto organizado e mutável de percepções relativas ao próprio indivíduo. [...] Esta estrutura perceptual faz parte, evidentemente – e parte central – da estrutura perceptual total que engloba todas as experiências do indivíduo em cada momento de sua existência. (ROGERS; KINGET, 1975, p. 44).

Atualmente sabemos da vida de **Carly**, o que pensa, o que faz, quais são seus projetos acessando seu canal no Youtube (*Speechless with*

Carly Fleischmann), no seu Facebook (perfil @carlysvoice) ou sua conta no Twitter (https://twitter.com/CarlysVoice) e ainda recomenda a todos: "não desistam, sua voz interna encontrará uma saída, a minha encontrou" (ABC News, 2011).

E o que os pais, Arthur e Tammy, almejam agora?

O mesmo que todos os pais: que seus filhos sejam felizes, que tenham sonhos e que possam alcançá-los a despeito de seus desafios. (ABC News, 2011). Foi **Carly** quem me fez ver o autismo de outra forma, sob outro ângulo, aquele das pessoas que sofrem com esse transtorno. Eu me emocionei com suas palavras mais do que com sua história de superação, porque eu pude vislumbrar a pessoa que estava aprisionada ali, por tanto tempo e que queria ter uma voz.

Depois de **Carly**, conheci **Temple**.

Temple Grandin, PhD em Ciência Animal e professora na Universidade do Estado do Colorado nos Estados Unidos. Assim como **Carly**, é famosa, escreve e dá palestras sobre o autismo a partir de suas vivências. Diferente de **Carly**, não teve uma "legião de especialistas" e nem terapeutas intensivos. Afinal seu diagnóstico aconteceu poucos anos após o estudo de Kanner.

Temple nasceu em 29 de agosto de 1947 e, alguns anos depois, foi diagnosticada como autista. Com apenas seis meses de idade, sua mãe, que tinha apenas 19 anos quando **Temple** nasceu, percebeu que ela não queria mais se aninhar em seus braços, ficando rígida quando isso acontecia. Mas em poucos meses, ao invés de ficar rígida, reagia tentando arranhá-la. Apesar de se sentir ressentida, achava — por falta de experiência — que era normal, uma vez que sua filha era "atenta, inteligente e bem coordenada" (Grandin; Scariano, 1999, p. 25).

Posteriormente, outros comportamentos foram aparecendo, como a fascinação por objetos que giravam, isolamento por horas a fio, comportamento destrutivo, acessos de raiva, sensibilidade a sons e cheiros, falta da fala, possivelmente surda e olhos esquivos. Levada a um neurologista e após um eletroencefalograma e exame de audição normal, foi declarada sem nenhum problema físico, sugerindo uma "terapia da fala"[50] para o problema da comunicação (Grandin; Scariano, 1999).

---

[50] Fonoaudiologia.

Uma das primeiras lembranças de **Temple**, com pouco mais de três anos de idade, relatada em seu livro autobiográfico *Uma Menina Estranha* (GRANDIN; SCARIANO, 1999, p. 23), esclarece o que para ela representava dor e desconforto e para as outras pessoas poderia representar birra: **Temple**, sua irmã e a mãe estavam no carro e sua mãe a obrigou a colocar um chapéu de veludo azul:

> [...] a sensação era de que meus dois ouvidos estavam sendo esmagados e transformados num único ouvido gigante. O elástico do chapéu apertava minha cabeça. Arranquei o chapéu da cabeça e berrei. Berrar era o único meio que eu tinha de dizer à minha mãe que não queria usar aquele chapéu. E eu não ia usá-lo na minha ida à "escola de falar".

Temple (GRANDIN; SCARIANO, 1999) explica que até essa época, no seu modo de ver o mundo, a comunicação era uma via de mão única, entendia tudo o que as pessoas diziam, mas não conseguia responder, assim berrar e bater os braços tornou-se suas formas de comunicação com o exterior. A criança percebe a realidade segundo a sua experiência. A experiência da criança é a realidade para ela.

Aos cinco anos, foi para uma pequena escola particular para crianças, após a mãe ter explicado aos professores — e depois estes aos alunos — suas dificuldades. Local esse que lhe deixava constantemente frustrada por não se sentir compreendida pela professora. Seus comportamentos tinham uma lógica para si própria, como por exemplo, o detalhe era mais importante que o todo; porém para os outros, pareciam bizarros: "era como se uma porta de vidro me separasse do mundo do amor e da compreensão humana" (GRANDIN; SCARIANO, 1999, p. 38).

No processo de desenvolvimento da criança, acontece o que Rogers e Kinget (1975) chamaram de necessidade de consideração positiva. A criança sente o afeto e descobre que o afeto é uma fonte de satisfação para ela. Esse aprendizado — "é bom ter afeto e que isso me satisfaz" — a leva a experienciar uma necessidade de afeição. E a criança observa. Observa aqueles pequenos sinais expressos pelos seus cuidadores e conduz seus próprios comportamentos futuros a partir dos resultados obtidos. E isso acontece mesmo se a criança tiver autismo, como **Carly** já nos mostrou.

Clareando melhor, imagine que a criança faça algo que a professora, no caso se revele insatisfeita, desaprovando seu comportamento, ou melhor, sua experiência; a criança entende essa desaprovação como uma desaprovação à sua pessoa, e não apenas aquele comportamento em particular.

Assim, a aprovação de um cuidador que envolva uma promessa de afeto conduz o comportamento da criança. Um exemplo disso pode ser visto quando **Temple** relata que sua a mãe a ajudava com a leitura (sua matéria preferida), todos os dias quando voltava da escola. Ela diz que além de tê-la ajudado a ler corretamente, pronunciando bem as palavras com inflexão na voz, a fazia se sentir adulta (e importante), uma vez que a mãe lhe servia chá[51], coisa só permitida aos adultos. **Temple** relembra que esse simples ato de sua mãe a ajudou a melhorar sua autoestima, dado que nas típicas disciplinas escolares conhecia sempre o fracasso. Porém, tudo o que precisasse usar a imaginação e criatividade, era insuperável (GRANDIN; SCARIANO, 1999).

A partir da segunda série, **Temple** começou a sonhar com um aparelho mágico que lhe pudesse apertar e com isso ter uma sensação prazerosa no corpo. Com esse aparelho, ela controlaria a intensidade de pressão que poderia suportar. "Nossos corpos pedem contatos humano, mas quando esse contato se estabelece, nós nos retraímos, porque nos provoca dor e confusão" (GRANDIN; SCARIANO, 1999, p. 38).

As mudanças também provocam confusões, como quando a mãe de **Temple** perguntou se ela queria ir a uma colônia de férias, ao que não obteve resposta. Uma parte queria ir, outra hesitava, afinal iria se defrontar com "pessoas diferentes. Lugares diferentes. Experiências diferentes. Mudanças nunca foram fáceis para mim" (GRANDIN; SCA-RIANO, 1999, p. 50).

Mas a sua mãe sempre foi uma grande incentivadora, conseguia compreendê-la, observava seus comportamentos excêntricos e repetitivos e conseguia obter o melhor que a filha podia dar. Certa feita escreveu a um psiquiatra infantil para ajudá-lo no processo de compreensão da filha: "Quando **Temple** se encontra em um ambiente seguro, onde acima de tudo se sente amada e apreciada, seu comportamento compulsivo se atenua. Sua voz perde aquela inflexão curiosa e ela consegue se controlar" (GRANDIN, 1999, p. 53).

---

[51] A mãe não lhe servia chá puro, e sim uma mistura de água quente com limão e um pouquinho de chá.

Temple não tinha problemas em casa, nem na escola e nem na vizinhança. Mas se estivesse cansada ou ainda na volta às aulas, quando deveria se ajustar novamente, os comportamentos estranhos apareciam mais. E completa: "quer ter sempre por perto alguém em quem confie. Seus progressos estão muito ligados, tenho certeza, à valorização e ao amor". Para a mãe estava claro que sua filha precisava se sentir segura, aceita e querida para poder desenvolver-se como pessoa: "Em qualquer terapia com **Temple** [...] o ponto mais importante me parece ser o amor" (GRANDIN; SCARIANO, 1999, p. 54).

Depois dessa carta ao psiquiatra, **Temple** passou a ser atendida uma vez por semana, (entre dezembro 1958 e junho de 1959), pelo Dr. Stein, alemão e formado na teoria freudiana, que àquela altura ainda acreditava que a "mãe geladeira" houvesse causado algum dano na criança para torná-la autista. Sobre esses atendimentos, **Temple** diz: "minha mãe me ensinara a ler; ela me defendia quando eu tinha problemas na escola; seus instintos funcionavam melhor do que horas de terapia dispendiosa" (GRANDIN; SCARIANO, 1999, p. 58).

E um alerta sobre o sigilo em qualquer atendimento, incluindo crianças e adolescentes: "como eu sabia que aquele médico trocava ideias com minha mãe em particular, havia certas coisas que eu não lhe contava". Não se sentindo segura do ambiente terapêutico, **Temple** escondia seus sentimentos e desejos como a sua vontade de construir o aparelho que lhe desse conforto por contato. Ela acreditava que com essa espécie de máquina pudesse aprender a suportar o afeto de outras pessoas (GRANDIN; SCARIANO, 1999, p. 58).

Dois anos depois, a mãe escreve outra carta pedindo conselhos sobre a próxima escola (**Temple** estava com 11 anos) e finaliza: "se conseguirmos ajudar **Temple** a compreender a si própria, ela terá condições de tornar-se uma ótima pessoa. Acho que o mesmo pode ser dito a respeito de qualquer criança, mas ela é a nossa criança" (GRANDIN; SCARIANO, 1999, p. 62).

Temple foi expulsa da nova escola dois anos depois de entrar, e no seu modo de ver, ela continuava repetindo o que acontecia também na escola primária: "sempre que eu não entendia alguma coisa, ficava aborrecida, e sempre que ficava aborrecida me comportava mal". Comportar-se mal para a escola significava que **Temple** batia em outras pessoas e nas palavras do diretor da escola "por causa de seu temperamento violento, maldoso e incontrolável" (GRANDIN; SCARIANO, 1999, p. 64-68).

Em uma nova escola, menor, **Temple**, já na adolescência e imersa no mundo real que se tornara apavorante, relata basicamente da sua confusão, esforço por se comunicar e dos seus conflitos, bem como das pessoas que olharam para ela além da sua incapacidade de ser como os outros. Essas pessoas marcantes foram a Srta. Downwey, a conselheira da escola, que foi a primeira pessoa (fora sua mãe) que lhe pediu para contar sobre a sua versão na história de uma briga com um colega; em seguida veio o professor de psicologia Brooks que a fez ter novamente vontade de estudar ao lhe propor o projeto do Quarto Distorcido; depois, outro professor, o Sr. Carlock, que nas palavras de **Temple**, foi sua salvação:

> O Sr. Carlock não dava atenção a rótulo nenhum, só aos talentos que encontrava. Até mesmo o diretor da escola tinha dúvidas quanto à minha capacidade de concluir o curso técnico. Mas o Sr. Carlock acreditava nas possibilidades de cada aluno. Ele canalizou minhas fixações para projetos construtivos. "Não tentou me atrair para o mundo dele, e sim entrar no meu". (GRANDIN; SCARIANO, 1999, p. 89, grifo nosso).

E completa sua percepção acerca desse professor: "ele dava a impressão de perceber meu desejo de ser aceita como eu era. E eu confiava nele, sem restrições. [...] era meu professor, meu amigo e meu confidente [...], o interesse dele por mim, me motivava a melhorar". E pela primeira vez, **Temple** estava decidida a se sair bem na escola (GRANDIN; SCARIANO, 1999, p. 89-91). Interessante notar, que é quase a mesma descrição que Fleischmann fez da fonoaudióloga Barb.

Temple não apenas se formou, como foi uma das oradoras da turma e também construiu sua "máquina do abraço", aquele aparelho que visualizara em sua mente desde a infância. No discurso, falou que estava atravessando uma porta e que sabia que tinha chegado lá com a ajuda de todos, lembrando então da letra da música *"You will never walk alone"* (Você nunca andará sozinho). E compreendeu o que sua mãe vinha tentando lhe dizer há anos: "cada pessoa precisa encontrar a sua porta e abri-la. Ninguém mais pode fazer isso por ela" (GRANDIN; SCARIANO, 1999, p. 85).

Uma porta. Uma voz. Encontrar uma saída para a vida. Elas encontraram.

4.3.3 O encontro na relação terapêutica

Muitos (ainda) podem se perguntar o motivo pelo qual se deve fazer psicoterapia com pessoas diagnosticadas com autismo, se a causa mais provável está na genética. A Psicologia não estuda apenas o ser humano; na verdade, é mais um compromisso com o devir humano. A psicoterapia, nesse sentido, é fundamental para autonomia, responsabilidade, liberdade, e uma melhora na qualidade de vida. A psicoterapia pode proporcionar condições favoráveis para que todas as pessoas — com ou sem autismo — se tornem tudo o que elas podem ser — como provaram **Carly**, **Temple** e tantos outros.

Rogers (1997, p. 30) dizia que "aquilo que é mais pessoal é o que há de mais geral", é o que faz nos sentir mais próximo dos outros. Entendemos a dor do outro, porque participamos da mesma humanidade. Isso significa dizer que não é a teoria, não é o método que importa; o que importa é como o psicoterapeuta se põe na relação com o outro, como é feito o encontro entre o psicoterapeuta e o cliente.

Desde a década de 1960, que o grupo de psicólogos que formou a Rede Eupsiquiana, a Revista de Psicologia Humanista e a Associação Americana de Psicologia Humanista já se preocupavam "com todo o espectro do comportamento humano" (ROGERS, 1974, p. 99, grifo nosso):

> Passe algum tempo com dois autistas e você encontrará inúmeras diferenças entre eles; permaneça tempo suficiente com um deles e descobrirá uma personalidade única, alguém com preferências, temperamento e senso de humor, próprios. (GRINKER, 2010, p. 76).

"Como poderei ajudar os outros?", pergunta Rogers (1997, p. 33) no início do capítulo 2 do livro *Tornar-se Pessoa*[52]. E ele mesmo responde: "Descobri uma maneira de trabalhar com as pessoas que parece fecunda em potencialidades constitutivas".

---

[52] O título em inglês, *On Becoming a Person*, com o verbo no gerúndio, dá o correto sentido de processo, de dinamismo no desenvolvimento humano; sentido esse um pouco perdido na tradução para o português.

Rogers, por meio de sua prática clínica, observou que a mudança terapêutica dependia da experiência em uma relação. Sua hipótese geral era: "Se posso proporcionar um certo tipo de relação, a outra pessoa descobrirá dentro de si a capacidade de utilizar esta relação para crescer, e mudança e desenvolvimento pessoal ocorrerão" (ROGERS, 1997, p. 37).

O êxito da psicoterapia depende da qualidade da relação psicoterapeuta cliente. Na verdade, o que se exige do psicoterapeuta é a congruência, a aceitação do outro e a compreensão empática para a mudança terapêutica, ou seja, as atitudes facilitadoras do processo (JUSTO, 2002; ROGERS, 1997).

Congruência é a capacidade de simbolizar corretamente o que se sente e de agir de acordo com a sua experiência. Não adianta simular um conhecimento que não se possui, ignorar uma irritabilidade com alguém, fingir uma segurança que não existe. Com a simbolização do que se sente, sobrevém a conscientização dos sentimentos experimentados e viabiliza-se ser quem se é nas relações, sem a necessidade de subterfúgios, possibilitando a outra pessoa também ser quem é (ROGERS, 1997).

Rogers (1997, p. 78) esclarece:

> O que eu sou e aquilo que sinto pode perfeitamente servir de base para a terapia, se eu puder ser transparentemente o que sou e o que sinto nas minhas relações com ele. Então talvez ele possa ser aquilo que é, abertamente e sem receio.

Aceitação é um acolhimento sem impor condições, é o ato de aceitar outra pessoa sem julgamentos, avaliações ou restrições. É acima de tudo uma atitude de valorização do outro ser como é (ROGERS, 1997). Feldman (2004, p. 68) elucida ainda mais o conceito:

> Aceitar o outro significa permitir-lhe ser quem é e considerá-lo um indivíduo único e valioso por seu próprio mérito, ainda que ele encare a vida e seus problemas de forma diferente da nossa. Eis o desafio: aceitar a alteridade ou condição do que é outro, daquele que é diferente de nós em seus sentimentos, atitudes, crenças, valores, comportamentos.

Compreensão empática, um dos pontos fundamentais na Abordagem Centrada na Pessoa, é a capacidade de compreender a outra pessoa nas suas referências, apreender o sentido da experiência vivida através das palavras e do corpo. A primeira disposição das pessoas ao ouvir algo pela primeira vez é emitir um pensamento segundo seus valores: "isso está certo", "que besteira", "não tem sentido". Não há espaço para a compreensão do real significado daquilo que o outro está dizendo. Compreender outra pessoa implica em penetrar empaticamente nas suas referências (ROGERS, 1997).

Vale ressaltar que foram essas características presentes nos terapeutas: autenticidade, acolhimento, empatia; relatados pelos pais que mais conseguiam alcançar suas filhas, **Carly** e **Temple**. Ao que Rogers concorda, quando escreveu ainda em 1961 que as atitudes e os sentimentos do psicólogo são mais importantes que qualquer referencial teórico (ROGERS, 1997, p. 51).

Agora acrescente essa visão ao trabalho do psicólogo. O que ele tem que fazer?

No contato com autistas, abre-se o olhar a fim de perceber de uma maneira diferente a experiência que eles estão experienciando. Todavia, normalmente se vê apenas o comportamento e com isso, distanciamo-nos da experiência. Para Rogers (1997), se uma relação autêntica pode ser construída pelo psicoterapeuta, o outro poderá utilizar esta relação para crescer e obter um desenvolvimento pessoal.

Quanto mais uma pessoa é compreendida e aceita, mais se distancia de suas defesas. Defesas estas que podem ser vistas nas atitudes destrutivas, agressivas e no mutismo. E o mesmo acontece no autismo conforme mostra Cristo (2009):

> [...] crianças autistas, quando aceitas em um clima de facilitação, buscam alternativas de comunicação, sentem-se menos pressionadas, seu nível de tensão diminui e junto com o outro, o psicoterapeuta, procura formas novas de linguagem.

Uma experiência narrada por **John** Elder Robison em seu livro autobiográfico *Olhe nos meus olhos: minha vida com Síndrome de Asperger* (ROBISON, 2008, p. 25) demonstra bem o que ocorre com essas crianças quando não há um clima apropriado:

> Por ter observado meus pais conversando com outros adultos, achei que poderia conversar com ela [uma criança do jardim de infância

que frequentava]. Mas eu tinha esquecido de uma coisa fundamental: uma conversa bem-sucedida depende do dar-e-receber. Tendo a Síndrome de Asperger, deixei escapar isso. Totalmente.

Eu nunca interagi com Chuckie novamente.

E desisti de tentar me relacionar com as outras crianças. Quanto mais me rejeitavam, mais me sentia machucado por dentro e mais me afastava.

Em outro momento, **John** fala mais sobre seu isolamento e o significado que isso tinha para ele:

Na maior parte do tempo, ficava com meus brinquedos, construindo fortes e torres. Adorava construir coisas, especialmente máquinas. Elas não eram maldosas comigo, ao contrário, era desafiador tentar entendê-las. Nunca me magoavam, então me sentia seguro com elas por perto. Assim como me sentia seguro com os animais. (ROBISON, 2008, p. 25).

Busca-se então a compreensão do jeito de ser da pessoa, a construção de novos caminhos para a comunicação e desenvolvimento, utilizando as capacidades que a pessoa possui. Entretanto, como confiar na capacidade delas de crescimento? Como confiar que possuem uma tendência ao crescimento tendo nascidas assim? Muitos psicoterapeutas preferem conduzir o processo ao invés de confiar no processo da pessoa. "Aceitar o jeito de ser dessas crianças é um risco", como esclarece Cristo (2009).

John Robison foi diagnosticado com síndrome de Asperger apenas aos 40 anos, por um terapeuta, que segundo ele é muito criterioso e sensível e que também lhe deu um livro sobre o assunto para ajudá-lo a se conhecer melhor. Ao pegar o livro, **John** (ROBISON, 2008, p. 208) pergunta:

"Então, existe uma cura?"

E o terapeuta lhe explicou:

"Não é uma doença. Então você não precisa de cura. É apenas como você é."

Como dito inicialmente, às vezes a família tem a pretensão de homogeneizar as crianças ao invés de descobrir seus valores. É como aquele pai ou aquela mãe que obrigam a criança a estudar piano, porque era um sonho deles aprender. Mas não escutam que, na verdade, a criança queria era aprender violino ou ir para uma escolha de futebol. Nem os pais e a "legião de especialistas" de **Carly**, nem de **Temple**, poderiam imaginar aonde elas chegariam mesmo com um inventário de impossibilidades.

Quando a criança é respeitada, quando se confia em seu potencial, não há necessidade dos pais ou qualquer outra pessoa "marcarem o caminho" para ela. Roy Richard Grinker, pai de **Isabel** diagnosticada com autismo, fala sobre como vê seu papel de pai: "meu trabalho é preparar a terra para o que quer que venha a brotar, mesmo que às vezes nenhuma outra pessoa acredite que isso aconteça, mesmo que o broto seja deformado" (GRINKER, 2010, p. 46).

O que esse pai percebeu tem a mesma base conceitual que Rogers (1997) teorizou sobre a tendência ao crescimento, a mola propulsora fundamental que os seres humanos possuem, observando as batatas no seu porão. Rogers notou que as batatas brotavam apesar de permanecerem por meses no porão frio, úmido, com pouca luminosidade e quase nenhuma condição de sobrevivência. As batatas brotavam mesmo frágeis, mesmo sem cor, mesmo que não pudessem se tornar uma planta de verdade, porque não estavam na terra recebendo toda a água e sol necessários ao seu desenvolvimento. Brotavam mesmo tortas e deformadas em direção a qualquer réstia de luz que pudesse haver no porão. Há batatas. Há pessoas que fazem "o melhor que podem em direção à vida", só que melhor ainda, porque não se pode saber de antemão a que nível de desenvolvimento pessoal elas chegarão.

Mediante o exposto, a postura de um psicólogo humanista já começa diferente. É uma relação de pessoa para pessoa. Não existe um sujeito que sabe tudo e o outro que não sabe nada. O que existe são duas pessoas que estão se relacionando e que uma vai ajudar a outra a se atualizar no processo de desenvolvimento. O importante é aprender a escutar integralmente as crianças, observar em que direção estão indo como Barb e Howard fizeram com **Carly** e ter a sensibilidade para perceber que "a frustração de uma criança autista é abrangente e afeta todas as fases de sua aprendizagem" (GRANDIN; SCARIANO, 1999, p. 43). Portanto, o desafio é ainda maior no autismo.

4.3.4 A compreensão empática no atendimento

A compreensão empática é uma das condições necessárias ao atendimento de pessoas na possibilidade de mudanças terapêuticas, ou como dito por Rogers (1977), "um alto grau de empatia talvez seja o fator mais relevante numa relação". Quando se atende pessoas no espectro do autismo, torna-se ainda mais necessária, uma vez que o cliente tem dificuldades de significar sua experiência. A "escuta" deve ser ainda mais sensível.

A compreensão empática, esse "como se fôssemos a outra pessoa, sem jamais perder a condição de 'como se'", foi publicada por Rogers primeiramente em 1959 e depois reformulada por Gendlin em 1962, usando o conceito de experienciação citada anteriormente. Existe um fluxo de experienciação ocorrendo a todo o momento no organismo humano e para o qual se pode voltar quantas vezes forem necessárias para que se descubra o significado de sua experiência e assim chegar a uma vivência mais plena (ROGERS, 1977, p. 72).

É um convite para entrar no processo e não o descrever de fora; entra-se no fluxo do processo. A proposta é prestar atenção em algo que está sendo corporalmente sentido (denominado como *felt sense* — significado sentido corporal), em que se nota uma sensação no corpo difusa sobre algo que está sendo experienciado naquele momento. Assim, podem surgir imagens, palavras, sons, cores que tentam apreender o sentido dessa sensação. Ao conseguir simbolizar, ocorre uma pequena mudança de perspectiva da situação experienciada que o corpo pode responder com uma pequena sensação de alívio, ou mesmo choro e risadas. Ou seja, ocorreu uma mudança de percepção, que é justamente "o motor" da psicoterapia (HNEDRICKS, 2001).

Assim, a compreensão empática na visão mais atualizada refere-se então a destacar o *felt sense* que a pessoa está experienciando naquele momento em que focaliza, deixa de ser um estado para ser um processo (ROGERS, 1977; HENDRICKS, 2001). Não significa simplesmente a compreensão do que a pessoa está falando de fato, é uma entrada naquilo que ela está "experienciando muito além das palavras ou do que é mostrado como comportamento". É o sentido, o significado que a pessoa dá aquela experiência.

Vale ressaltar que em todas as autobiografias listadas nesse trabalho há relatos dos sentidos, das razões para os comportamentos ditos estereotipados dos autistas e que quando alguém com mais sensibilidade conseguia compreendê-los em todas as suas complexidades, a mudança acontecia, eles se sentiam estimulados a irem além das suas possibilidades naquele momento.

Rogers (1977, p. 73) ainda esclarece sobre empatia, "estar com o outro dessa maneira significa deixar de lado, neste momento, nossos próprios pontos de vista e valores, para entrar no mundo do outro sem preconceitos".

Dessa forma, o método fenomenológico está presente na compreensão empática, e é o que possibilita que o psicoterapeuta possa vislumbrar o mundo particular por meio dos olhos do outro.

Vejamos como poderia ser na prática. No primeiro momento, quando eu, como psicoterapeuta, atendo você, a minha atitude, a minha disposição, deve indicar que eu tenha uma experiência empática, que eu seja capaz de ser uma companheira de viagem para ir junto com você.

Assim, para tentar entrar na "sua casa",[53] que é você mesmo, entro com respeito pela porta que me foi aberta, não vou entrando porta adentro, não vou entrando pela porta do quintal, nem da cozinha, mesmo que eu sinta um cheiro de brigadeiro recém-feito. Eu vou de acordo com o que você me possibilita, com o que me autoriza; e normalmente vamos primeiro para a sala de visita enquanto eu lhe espero, como dono da sua casa, a me convidar para sentar e ficar à vontade. Só depois, se você sentir confiança, vamos circular pelos cômodos, pelo interior da casa, na medida em que me permitir, essa experiência empática tem que ser muito respeitosa, pois eu vou entrar na casa do outro.

A experiência empática é a ressonância daquela experiência do cliente, eu estou vivendo com ele de uma forma empática, mas eu sei que é dele, a dor é dele, a alegria é dele, eu compreendo, vivencio (por exemplo, a vivência da dor, da alegria, que são universais), mas o conteúdo, a intensidade, o modo de vivenciar essa dor ou alegria é inteiramente dele.

Quando começo a compreender essa experiência e então a nomeio, mas nomeio ainda para mim, é o segundo momento da compreensão empática. E dependendo da minha sensibilidade também posso transformar essa compreensão em uma formulação verbal e comunicar para você (a simbolização), esse é o terceiro momento. Outras vezes, não é necessário comunicar, pois o outro sente que está sendo compreendido.

Em clientes que têm muita dificuldade em entrar em contato com a sua própria experiência e, em geral, têm uma evolução também mais

---

[53] A autora deste trabalho se baseou na metáfora da "casa" citada por Antônio Santos em *Empathy – Beyond Images of the Mind – A Deeper understanding of Empathy's role in Psycotherapy.*

difícil, pode-se desenvolver uma maneira de fazer com que o cliente entre em contato com a sua própria experiência, ao sentir o corpo, por exemplo. Nesse mundo vivido, o meu corpo tem uma "bagagem" e está constantemente neste "fluxo de experiências". Um psicólogo deve ter a paciência de esperar o momento do encontro com seu cliente, principalmente no "ensimesmamento" do autismo.

Um encontro nada empático foi narrado por **John** (ROBISON, 2008, p. 37): ao presenciar uma conversar entre a sua mãe e uma amiga, em que essa contava sobre o atropelamento do filho de outra pessoa, **John** esboçou um sorriso ao que levou a amiga perguntar a sua mãe: "qual o problema desse rapaz?"

> Fui encaminhado à terapia, e isso só me fez sentir pior. Eles focavam apenas naquilo que consideravam ser pensamentos sociopatas e nenhum deles conseguiu descobrir porque eu sorri, quando ouvi a história do filho de Eleanor ter sido atropelado e morto por um trem.

Em seguida, **John** esclarece que sorriu porque pensou que felizmente, nem seu pai, nem sua mãe, nem seu irmão ou alguma pessoa conhecida, haviam sidos atropelados. O filho de Eleanor, para ele, era um completo desconhecido.

Entrar no mundo do outro, considerando o que aquela experiência significa para a outra pessoa, compreendê-lo em suas singularidades exige que o psicólogo seja "suficientemente seguro" para ser empático. Resumidamente, é "uma maneira de ser complexa, exigente e intensa, ainda que sutil e suave". (ROGERS, 1977, p. 74).

4.4 Considerações finais

O homem, esse "sendo humano" cheio de nuances e cores, cheio de ruídos e músicas, cheio de tatibite e oratória, cheio de sabores e dissabores, cheio de determinismo e autonomia, é digno de ser apreciado.

Mas o que faz com que todo o conjunto de experiências vividas por esse homem tenha como resultado a pessoa? O conceito de pessoa aqui abarca não apenas a personalidade, mas sim, todo o espectro do que a pessoa é e do que pode vir a ser nos campos físico, psíquico e social.

Na constituição dessa pessoa está presente o determinismo intrínseco da sua genética, do ambiente que a rodeia, e também pelo que consegue construir no ambiente como a cultura; entretanto, apenas esse "sendo humano" é capaz de identificar e se posicionar frente à determinação que recebe.

Na sua constituição, a autonomia ainda se amalgama ao determinismo, a pessoa também é formada pelas escolhas que faz — escolhendo no ambiente aquilo que vai lhe determinar, ou ainda escolhendo tornar-se ela mesma. É essa tomada de decisão sobre os acontecimentos que a forma.

Muito mais do que o determinismo genético e ambiental do autismo, foram as escolhas feitas por **Temple**, ao perceber que "cada pessoa precisa encontrar a sua porta e abri-la. Ninguém mais pode fazer isso por ela" (Grandin; Scariano, 1999, p. 85).

Por **Carly**, ao decidir sair da sua concha, digitando lentamente com seu dedo indicador direito as seguintes letras: "H-E-L-P T-E-E-T-H H-U-R-T" — "socorro dentes doem". Sua primeira comunicação com o mundo aos 10 anos. (Fleischmann, 2012, p. 112).

E por **John**, ao escolher:

> Na época em que saí da escola, era quase como se eu sempre estivesse na frente da porta Número Um e da porta Número Dois. [...] Por isso, optei pela Porta Um, e ao fazê-lo, me afastei do mundo das máquinas e dos circuitos – um confortável e silencioso mundo de cores, luzes suaves e mecânica perfeição – e me aproximei do ansioso mundo das pessoas – brilhante e desordenado. Avaliando essa escolha, trinta anos mais tarde, acho que as crianças que escolheram a Porta Dois podem não conseguir conviver em sociedade. (Robison, 2008, p. 190).

Que os formaram como pessoas que são hoje, apesar de todas as dificuldades, apesar de muitos não acreditarem que poderiam ser alguma coisa além daquilo que apresentavam ao mundo na infância e adolescência.

Mas o que pode facilitar essa mudança neles?

Sabe-se que para se conseguir elaborar as experiências vividas é necessária uma relação com outra pessoa que possibilite certa articulação. Uma relação em que se perceba uma presença capaz de alterar a ambos os envolvidos. A relação com o mundo humano também é formadora da pessoa.

Ao se ficar muito tempo sozinho, começa-se a confundir as sensações, as emoções, as expectativas e as experiências; e dentro do espectro do autismo, o pressuposto da necessidade humana de viver uma relação é mais válido ainda, como pode ser exemplificado por **John**:

> Os adultos eram capazes de lidar com as minhas limitações conversacionais muito melhor do que as crianças. Eles compreendiam minhas respostas desconectadas, e estavam mais propensos a mostrar interesse por algo que eu dissesse, não importa quão bizarro fosse. Se os adultos não tivessem esticado esse interesse, eu poderia muito bem ter despencado mais longe, no mundo do Autismo. Eu poderia muito bem ter deixado de me comunicar. (ROBISON, 2008, p. 190).

Diante do exposto, qual seria a forma mais adequada de se fazer Psicologia da pessoa? Como fica a aplicação na Psicologia Humanista se não é para descrever, interpretar, analisar e esmiuçar?

Interessante observar que algumas pessoas fazem uma lista de coisas que gostariam de falar durante a terapia, elas repetem em pensamento muitas vezes sobre um determinado ponto, mas quando se encontram diante do psicólogo, o ponto em questão é elaborado de uma forma totalmente diferente.

Qual a diferença entre elaborar sozinho e elaborar com o psicólogo? A diferença está na capacidade de elaboração da experiência de uma forma inteiramente nova por meio do encontro, encontro de dois "sendos humanos", o psicólogo e o cliente, sem aquela propagada neutralidade da psicologia de tempos atrás, mas sim a relação humana entre eles que surge desse encontro.

E nas três autobiografias, são relatadas relações que de alguma forma propiciaram as condições facilitadoras para que a expressão da pessoa pudesse ser mostrada. No contexto clínico com o psicólogo e o cliente, é o psicólogo que estabelece primeiramente essas condições que possibilitam com que a pessoa possa se expressar com aquilo que tem, é um campo relacional. Nesse contexto, a teoria de Rogers é relacional.

O psicólogo pode proporcionar que o cliente entre em contato com determinadas experiências que não seria possível sozinho, simbolizando-as e fornecendo as condições favoráveis para que a pessoa se torne tudo o que ela pode ser como **Carly** expressou sobre si mesma: "Eu sou

Carly Fleischmann, uma garota que precisa tentar ser o melhor que eu posso ser." (FLEISCHMANN, 2012, p. 210, tradução nossa).

Nesse aspecto, uma das melhores posições a se tomar é aceitar o movimento do cliente, acolhê-lo, inclusive na vontade de não estar ali e tentar compreender o fenômeno como aparece, dando lugar ao método fenomenológico na clínica e não mais o método reducionista ou positivista.

Se o psicólogo tenta compreender o cliente na sua essência e não a partir de um esquema de verdades, de hipóteses sobre a teoria da personalidade, por exemplo, então estará exercendo a fenomenologia como método, compreendendo as vivências do cliente a partir do próprio cliente. Resumidamente seria "se quer saber a verdade sobre alguém, deve-se interrogar esse alguém":

> Muitas descrições do Autismo e Asperger descrevem pessoas como eu como "não querendo contato com outras pessoas" ou "optando por brincar sozinho". Eu não posso falar em nome de outras crianças, mas gostaria de ser muito claro sobre meus sentimentos: *Eu nunca **quis** ficar sozinho*. E todos aqueles psicólogos infantis que disseram "John prefere brincar sozinho" estavam *completamente errados*. Eu brincava sozinho porque não conseguia brincar com outras crianças. Eu estava sozinho como resultado das minhas próprias limitações, e estar sozinho foi uma das mais amargas decepções da minha vida, quando criança. (ROBISON, 2008, p. 191, grifo do autor).

Carly também diz que "não É o autismo". Autismo é apenas uma parte da verdade sobre ela, e convida a todos a conhecerem a sua totalidade. Assim, como os psicólogos que se reuniram para formar a nova corrente humanista, em que estavam "preocupados com todo o espectro do comportamento humano" (ROGERS, 1974, p. 99), também os psicólogos de hoje devem estar preocupados com todo o espectro autista e suas nuances, uma vez que cada pessoa vive o autismo a sua maneira, por meio das suas decisões, dando sentido e forma à sua vida, caminhando para uma autorrealização que lhe é própria.

Cada pessoa possui uma maneira única de vivenciá-la e que a distingue das outras, devido a sua capacidade de conscientização de si mesma e do mundo a sua volta. Esse é um conceito central no Humanismo, de que o homem se define por si mesmo, ele é capaz de se orientar por aquilo que vêm de dentro, de ter autonomia.

No senso comum, quando se fala em autonomia, pensa-se em não haver necessidade do outro, não precisar do outro para nada. Entretanto, ao se falar em autonomia aqui, propõe-se a possibilidade de estar com toda a sua presença na relação com o outro, não apenas reagindo ao determinismo, mas sim, no estabelecimento da relação e na espera da resposta da pessoa às suas experiências.

John nos mostra autonomia quando decide dar uma resposta às pessoas que diziam que ele não era bom, que falhou na escola, que era um fracassado, que não podia fazer isso, que devia estar na cadeia, quando aos 17 anos decidiu não mais dormir em caixas de papelão como "esperavam" de um fracassado e sobre isso enfatiza: "eu não gostei e me determinei a nunca mais fazer isso novamente" (ROBISON, 2008, p. 241).

A pessoa possui a capacidade de escolher, de decidir a não ser simplesmente manejada, tragada pelos acontecimentos, ou simplesmente condicionada pois se orienta pelo que é mais próprio seu. Quanto maior for a capacidade de reflexão e investigação de si e do mundo a sua volta, maior é a sua liberdade e sua autonomia.

Ao cuidar de si, cuidar continuamente da experiência, a pessoa vai emergindo, vai se constituindo. Por isso que a liberdade e a autonomia são construídas, são passíveis de incremento, indicando que o homem está em um contínuo processo de desenvolvimento, de devir, de descobrir-se. Sendo então um ser em evolução, não mais uma estrutura da pessoa humana, mas um estruturar-se, um processo. Com humor, **Temple** corrobora, "as crianças, até mesmo as autistas, não são estáticas" (GRANDIN; SCARIANO, 1999, p. 143).

Seguindo essa linha, **John** fala sobre si mesmo atualmente:

> Ninguém que me observasse há trinta anos poderia prever que eu adquirisse as habilidades sociais que tenho atualmente, ou mesmo ser capaz de descrever as emoções, pensamentos e sentimentos que descrevo neste livro. Nem eu mesmo poderia prever isso. (ROBISON, 2008, p. 189-190).

Mas nada disso teria um significado sem a atribuição de um sentido nas experiências vividas. A pessoa deve possuir um sentido, um sentido a partir daquilo que lhe é próprio, da sua essência, do seu Eu. O sentido aparece quando se está pavimentando o caminho para a autorrealização.

Carly Fleischmann já é uma adulta e está sempre envolta em projetos sociais que visam dar voz ao autismo para conscientizar as pessoas. É ativa nas redes sociais sob o perfil @carlysvoice e faz vários vídeos para a internet; em um deles ela tenta mostrar como é a sua experiência sensorial de estar em uma simples cafeteria (Disponível em: <https://www.youtube.com/watch?v=KmDGvquzn2k>. Acesso em: 24 nov. 2020).

Temple Gradin se graduou em 1970 na Franklin Pierce College no curso de Bacharelado em Psicologia, depois em 1975, tornou-se mestre em Ciência Animal na Arizona State University e em 1989, PhD, também em Ciência Animal, na University of Illinois.[54]

É uma das mais renomadas especialistas em instalações pecuárias sendo considerada pioneira nos estudos do comportamento e manejo de gado, atua como professora de Ciência Animal na Universidade Estadual do Colorado, possui uma empresa própria de equipamento para pecuária e é conferencista. Sua palestra registrada em 2010, é um alerta sobre a necessidade da diversidade: *O mundo necessita de todos os tipos de mentes* (TED, 2010). A página pessoal na rede é: http://www.grandin.com/.

John Elder Robison é um homem de negócios, um executivo bem-sucedido e um contador de histórias. Na década de 1970, fez sucesso projetando guitarras de efeitos especiais para a banda Kiss; na década de 1980, tornou-se gerente de uma empresa de eletrônicos e de brinquedos, mas encontrava-se infeliz, achando-se uma fraude. Em seguida, foi atrás do que sempre quis fazer desde criança e montou seu próprio negócio — J E Robison Service — que se tornou uma das melhores empresas especializadas em reparação de automóveis. Ao escrever o livro *Olhe nos meus olhos*, **John** pretendia demonstrar que por mais robótico que possa parecer o comportamento de um Asperger, era capaz de sentir "emoções profundas".

Ser ousado no pensar e no agir é uma das coisas mais belas no ser humano. Assim como a coragem de se ter liberdade, de ser responsável, de ser guiado pela autonomia, de ir em busca de um sentido, de se autorrealizar. O mais belo ainda é a tentativa do homem de se construir, de se conhecer segundo a sua própria capacidade, de refletir e se interrogar

---

[54] B.A. (Psychology), Franklin Pierce College, 1970; M.S. (Animal Science), Arizona State University, 1975 e Ph.D. (Animal Science), University of Illinois, 1989.

sobre o que acontece consigo, em uma constante revisão das suas experiências, o que vai ao encontro da tendência atualizante mesmo que viva em fragmentos de percepção de mundo, de consciência.

Referências

ABC NEWS. **20/20 Interview. História de Carly Autismo Severo**. Disponível em: <http://www.youtube.com/watch?v=M5MuuG-WQRk> Acesso em: 24 nov. 2020.

APA – Associação Americana de Psiquiatria. **Manual diagnóstico e estatístico de transtornos mentais (DSM-IV-TR)**. 4. ed. Porto Alegre: Artmed, 2002.

_____. **Manual diagnóstico e estatístico de transtornos mentais**: DSM-5. Porto Alegre: Artmed, 2014.

BOAINAIN JR., E. **Tornar-se transpessoal**. São Paulo: Summus, 1998.

CAEIRO, A. (Fernando Pessoa). **Poemas Inconjuntos**. Disponível em: <http://www.dominiopublico.gov.br/download/texto/pe000003.pdf>. Acesso em 24 nov. 2020.

CID-10 — **Classificação de Transtornos Mentais e de Comportamentos**: descrições clínicas e diretrizes diagnósticas. Porto Alegre: Artes Médicas, 1993.

CID-11 — **International Classification of Diseases, 11th Revision (ICD-11)**. Disponível em: <https://www.who.int/classifications/icd/en/>. 2018. Acesso em: 24 nov. 2019.

CHASTE, P.; LEBOYER, M. Autism Risk Factors: genes, environment, and geneenvironment interactions. **Dialogues Clin Neurosci**, v. 3, n. 14, p. 281-292, 2012.

CRISTO, D. A. A construção de uma relação de ajuda com portadores da síndrome do autismo. **Revista do Nufen**, a. 1, v. 1, 2009.

CURY, V. E. **Psicoterapia Centrada na Pessoa: evolução das formulações sobre a relação terapeuta–cliente**. Dissertação (Mestrado em Psicologia) – Instituto de Psicologia da Universidade de São Paulo. São Paulo, p.105, 1987.

EM BUSCA DE UM NOVO CAMINHO: Desmistificando o autismo. [Documentário]. Direção e Roteiro: Fabiane Rivero Kalil. Produção: Marici Vilela, Maria Inês Silva de Camargo. Entrevistados: Marcos Tomanik Mercadante, Monica Zilbovicius, Patrícia Cristina Baleeiro Beltrão Braga e Renato da Silva Queiroz. São Paulo: 2012 (45 min).

FELDMAN, C. **Encontro**: uma abordagem humanista. Belo Horizonte: Crescer, 2004.

FLEISCHMANN, A.; FLEISCHMANN, C. **Carly's Voice**: Breaking Through Autism. Touchstone: Nova Iorque, 2012.

FREITAS, B. C.; et al. Stem cells and modeling of autism spectrum disorders. **Experimental Neurology**, 260, p. 33-43, 2014. doi: 10.1016/j.expneurol.2012.09.017

GRANDIN, T.; SCARIANO, M. M. **Uma menina estranha**: autobiografia de uma autista. São Paulo: Companhia das Letras, 1999.

GRINKER, R. R. **Autismo**: um mundo obscuro e conturbado. São Paulo: Larousse do Brasil, 2010.

HENDRICKS, M. N. **Psicoterapia Experiencial/Orientada pela Focalização**: Pesquisa e Prática. New York: The Focusing Institute, 2001. Disponível em: <http://previous.focusing.org/fot/psicoterapia_ experiencial_pt.html> Acesso em 24 nov. 2020.

HIPÓLITO, J. Biografia de Carl Rogers. **Revista de Estudos Rogerianos "A Pessoa como Centro"**, n. 3, 1999.

HOLANDA, A. F. **Diálogo e Psicoterapia**: correlações entre Carl Rogers e Martin Buber. São Paulo: Lemos-Editorial, 1998.

JUSTO, H. **Abordagem Centrada na Pessoa**: consensos e dissensos. São Paulo: Vetor, 2002.

KANNER, L. Autistic Disturbances of affective contact. **Nervous Child**, New York, v. 2, p. 217-250, 1943.

KLIN, A. Autismo e síndrome de Asperger: uma visão geral. **Rev. Bras. Psiquiatr.**, v. 28, n. 1, p. 3-11, 2006.

MASLOW, A. H. **Introdução à Psicologia do Ser**. Rio de Janeiro: Eldorado, 1968.

MAY, R. (Org.). **Psicologia Existencial**. Porto Alegre: Globo, 1974.

MESSIAS, J. C. C. **Psicoterapia centrada na pessoa e o impacto do conceito de experienciação**. Dissertação de Mestrado. Campinas, SP: Pontifícia Universidade Católica de Campinas, 2001. 142 p.

MOREIRA, V. Revisitando as fases da abordagem centrada na pessoa. **Estudos de Psicologia**, Campinas [online], v. 27, n. 4, p. 537-544, 2010.

OLIVEIRA, F. I. de. Entrevista: Carl Rogers, por um homem melhor. **Revista Veja**, São Paulo, n. 441, p. 3-6, 1997.

PARREIRA, W. A. Algumas considerações sobre as diferenças entre as abordagens psicoterápicas. **Plural**: Revista da Faculdade de Ciências Humanas FUMEC, n. 1, Belo Horizonte, 1990.

PELPHREY, K. A et al. Research Review: Constraining heterogeneity: the social brain and its development in autism spectrum disorder. **Journal of Child Psychology and Psychiatry**, USA, v. 52, n. 6, p. 631-644, 2001.

ROBISON, J. E. **Olhe nos meus olhos**: minha vida com síndrome de Asperger. Ed. Larousse: São Paulo, 2008.

ROGERS, C. R. **Tornar-se Pessoa**. 5. ed. São Paulo: Martins Fontes, 1997.

_____. Duas tendências divergentes. In: MAY, R. (Org.). **Psicologia Existencial**. Porto Alegre: Globo, 1974. p. 97-106.

_____. Uma maneira negligenciada de ser: a maneira empática. In: ROGERS, C. R.; ROSENBERG, R. L. **A Pessoa Como Centro**. São Paulo: EPU, 1977. p. 69-87.

ROGERS, C. R.; KINGET, G. **A Psicoterapia e Relações Humanas**. Belo Horizonte: Interlivros, 1975.

SACKS, O. **Um antropólogo em Marte**: sete histórias paradoxais. São Paulo: Companhia das Letras, 1995.

SADOCK, J. B.; SADOCK, V. A. **Compêndio de Psiquiatria**: Ciência do Comportamento e Psiquiatria Clínica. 9. ed. Porto Alegre: Artmed, 2007.

SCHULTZ, D. P.; SCHULTZ S., E. **Teorias da Personalidade**. São Paulo: Pioneira Thompson, 2004.

SEIXAS, R. **Krig-Ha, Bandolo** (Metamorfose ambulante). Mazola/Raul Seixas. São Paulo: Philips/Phonogram, 1973. 1 disco (29 min.).

TAMANAHA, A. C; PERISSINOTO, J.; CHIARI, B. M. Uma breve revisão histórica sobre a construção dos conceitos do Autismo Infantil e da síndrome de Asperger. **Rev. Soc. Bras. Fonoaudiol.**, São Paulo, v. 13, n. 3, 2008.

TEMPLE GRANDIN. [Filme-Vídeo]. Direção de Mick Jackson. Intérpretes: Claire Danes, Julia Ormond, David Strathairn, entre outros. USA: HBO, 2010. (103 min.) Produzido pela HBO. Baseado no livro Uma menina estranha: autobiografia de uma autista de Temple Grandin.

CAPÍTULO 5

Qualidade de vida do doente crônico grave sob a ótica da Abordagem Centrada na Pessoa

Vera Pouzas Torres
Eunice Moreira Fernandes Miranda

5.1 Introdução

O bem-estar é anseio de todo ser humano, uma busca constante em todas as instâncias da vida, classes sociais e culturais. Por isso a qualidade de vida (QV) é sempre um tema atual. Não obstante o grande empenho no seu estudo, ainda não há um consenso em relação ao seu conceito. De acordo com a Organização Mundial de Saúde:

> A QV se define como a percepção do indivíduo sobre a sua posição na vida, dentro do contexto cultural e do sistema de valores em que vive e com respeito a seus objetivos, expectativas, normas e preocupações. É um conceito extenso e complexo que engloba a saúde física, estado psicológico, nível de independência, relações sociais, crenças pessoais e a relação com as características marcantes do ambiente. (OMS, 1998, p.28).

Um dos momentos em que ela pode ser compreendida é diante do adoecimento. Muitas vezes, quando a pessoa adoece, aos poucos vai abnegando-se da condição de liberdade e autonomia por diversos motivos. Passa então a ocupar apenas um lugar no leito tornando-se um "paciente"[55], muito embora não tenha perdido seu potencial de desenvolvimento; este encontra-se apenas desbotado, enfraquecido, necessitando, pois, de ajuda para recobrar o fluxo natural de seu crescimento.

---

[55] Denotando uma condição de passividade.

É notória a necessidade de desvelo a esse doente que se encontra fragilizado, debilitado diante da gravidade de um diagnóstico médico e a desesperança que se torna crescente à proporção em que a irreversibilidade da doença é explícita e declarada.

O que se intentou neste estudo, longe de ser uma conclusão, foi uma reflexão sobre as possibilidades de contribuição, no sentido de estimular a tendência atualizante embasando-se na Abordagem Centrada na Pessoa (ACP), através das atitudes facilitadoras, considerando que estas sejam as ferramentas mais adequadas para auxiliar na retomada do crescimento psicológico da pessoa depauperada e no resgate de sua autoestima. Frente a essas reflexões, pretendeu-se compreender em que consiste a QV de uma pessoa com uma doença física crônica e grave, progressiva e degenerativa.

Considerando as particularidades do doente crônico grave, suas necessidades e anseios e, ainda mais, suas potencialidades, buscou-se estudar a QV, o que ela representava do ponto de vista do paciente e como ele poderia lidar com a sua doença/tratamento de forma a buscar algo melhor para si.

O doente em questão neste estudo foi um portador de uma doença crônica grave de longa duração, que pode ou não representar risco de morte, não apresentando ela um caráter de emergência, mas sim de cuidados constantes, tornando assim um fator potencial no bem-estar e na QV.

Carl Rogers, em sua formulação de 1959, denominou tendência direcional ou tendência atualizante como uma força que está presente em todas as ações do indivíduo, sendo ela o fluxo natural da vida (TAMBARA; FREIRE, 2010). A vida naturalmente impõe em algum momento da nossa existência o adoecimento, haja vista que somos finitos. Diante do adoecimento, o potencial latente do enfermo pode ser desvirtuado ou interrompido, na medida em que fica institucionalizado, dependente da equipe de saúde e em estado de incongruência.[56] Atentar para a sua QV poderá favorecer o desenvolvimento de potencialidades, mesmo sendo portador de uma doença crônica.

---

[56] Refere-se à discrepância entre a experiência real do organismo e a imagem do *self* do indivíduo (WOOD, 1994, p. 159).

Rogers fala da necessidade de se criar um ambiente favorável, que seja propício ao desenvolvimento e recuperação do ser humano. São diversos os olhares e ampla é a discussão sobre a QV nas várias etapas do desenvolvimento humano, envolvendo o bem-estar físico, psíquico, social e espiritual, cujo objetivo central é facilitar sua autocompreensão, sua atitude básica, seu autoconceito e comportamento autodirigido.

Muito se tem contribuído para aprimorar tal QV, porém no que se refere principalmente ao doente crônico grave hospitalizado, esse olhar pouco recai, tornando-se insuficiente (deixando a desejar). À medida que fica clara a irreversibilidade do mal acometido, a necessidade de cuidados especiais também aumenta, e nesse ínterim, em sentido oposto, o doente passa a ficar mais isolado, apartado da comunicação, seja por parte dos profissionais da área da saúde envolvidos, seja também pelos familiares.

É notório que o rebaixamento da QV do doente traz o comprometimento das habilidades funcionais para realização de suas atividades de vida diária, o que poderá deixá-lo cada vez mais entristecido e dependente, podendo assim favorecer a piora de seu estado psíquico e quiçá físico.

A saúde mental representa um estado de equilíbrio que o indivíduo atinge em si. Portanto, ele desenvolve uma relação consigo e com as pessoas ao seu redor da melhor maneira possível. Ter uma saúde mental significa que você aceita de uma forma natural as dificuldades e exigências da vida, além de saber lidar com as emoções, sejam elas boas ou ruins.

Já a saúde emocional envolve aspectos diferentes, ela abrange a percepção de si mesmo, a capacidade de manter relacionamentos com outras pessoas e também manter um entusiasmo com a vida. Quando a saúde emocional não está boa, as relações com as outras pessoas geralmente são abaladas.

Dessa forma, este estudo teve como objetivo compreender o conceito de QV em seus aspectos e possibilidades sob a ótica do paciente e da ACP, bem como identificar o que é uma doença crônica grave, conhecer as características emocionais da pessoa com esse tipo de patologia, pesquisar os conceitos de QV para ela, compreender como a ACP poderia contribuir no sentido da promoção da QV do doente crônico grave e refletir as possibilidades de atuação do terapeuta no sentido de ajudar a pessoa a resgatar sua potencialidade atualizante.

Ao refletir sobre tais questões, este estudo partiu da hipótese de que o doente crônico grave, mesmo sendo portador de uma doença progressiva e degenerativa, possui em si as condições necessárias para manter seu bem-estar psíquico. Para isso necessitaria de um agente intermediário, que através da relação terapêutica, poderia auxiliá-lo a sair da condição de "paciente", reconstruindo sua noção do "eu" através de sua própria capacidade.

5.2. Psicologia humanista e a tendência atualizante

A Psicologia Humanista é marcada por um compromisso de engajamento em favor da mudança social e cultural em direção a uma sociedade de valores mais humanos, menos controladora, mais atenta às necessidades intrínsecas de autorrealização, mais criativa e lúdica. Envolve relações pessoais mais abertas, autênticas, autoexpressivas e prazerosas, em que a pessoa, em sua liberdade e autodeterminação no desenvolvimento de suas possibilidades, seja o valor supremo, contra todos os dogmas, valores e autoridades externamente constituídas (BOAINAIN, 1998).

Uma importante característica da Psicologia Humanista é o fato de que, afastando-se do tradicional enfoque clínico, passou a enfatizar a saúde, o bem-estar e o potencial humano de crescimento e de autorrealização. Também outra orientação temática geral diz respeito a privilegiar capacidades e potencialidades características e exclusivas da espécie humana. Assim, conclui o autor, a volta ao humano como objeto de estudo é uma das bandeiras do movimento (BOAINAIN, 1998).

A psicologia humanista adota e propõe uma concepção filosófica da natureza humana. Opõem-se às demais concepções, que Boainain (1998) chama de elementaristas e fragmentadoras da psique, enxergando então o homem como um todo complexo e organicamente integrado, cujas qualidades únicas vêm de sua configuração total. Ele pontua ainda que, por ver o homem como um ser em busca e em construção de si mesmo, cuja natureza continuamente se desvela e exprime no realizar de suas possibilidades e na atualização de seu potencial, compreendem os humanistas que só se é pessoa, só se é realmente humano, no autêntico, livre e integrado ato de se desenvolver. Daí o generalizado consenso, que alguns entendem como a característica mais marcante da visão de homem, que a Psicologia Humanista apresenta em recusar concepções inertes da natureza humana, considerada antes como algo dinâmico, um movimento de sair de si, um incessante tornar-se, um contínuo processo de vir a ser. Os principais constituintes desse movimento foram Abraham Maslow e Carl Ranson Rogers.

A ACP foi proposta por Carl Rogers, psicólogo norte-americano (1902-1987) que também sistematizou a "Terapia Centrada no Cliente", que depois evoluiu para a "Abordagem Centrada na Pessoa" na década de 1970, sendo abalizada pelo dinamismo, com constantes reformulações conceituais e ampliações da área de interesses e atuação. Mantém-se coerente com alguns princípios fundamentais do humanismo, principalmente a crença nos potenciais positivos do homem, orientados para o crescimento e a autorrealização, tanto quanto a ênfase no estudo e exercício das condições relacionais que favorecem a plena expressão e desenvolvimento desse potencial inerente. Rogers dizia que é um "jeito de ser" (WOOD, 1997).

Rogers desenvolveu a teoria do *self* referindo-se ao contínuo processo de reconhecimento. Sua crença era de que as pessoas são capazes de crescer, mudar e se desenvolver. Também conhecido como autoconceito e noção do eu, o *self* refere-se a como a própria pessoa se enxerga, tomando-se como premissa suas experiências vividas no passado, estímulos que recebe no presente e expectativas futuras.

A noção do "eu" representa o eixo central da Teoria da Personalidade desenvolvida por Rogers a partir das formulações sobre a psicoterapia. Designa a configuração experiencial composta de percepções relativas ao eu, às relações do eu com o outro, com o meio e com a vida, em geral, assim como os valores que o indivíduo atribui a essas diversas percepções (KINGET, 1975).

De acordo com Rogers (1975),

> [...] esta configuração se encontra num estado de fluxo contínuo, isto é, muda constantemente, ainda que seja sempre organizada e coerente. Outra característica importante desta configuração experiencial é que ela é disponível à consciência – ainda que não seja necessariamente consciente ou plenamente consciente. (p. 165).

Ainda conceituando a noção do "EU", Kinget (1975) diz que: "[...] é uma estrutura perceptual, isto é, um conjunto organizado e mutável de percepções relativas ao próprio indivíduo" (p. 44). De modo resumido eles, Rogers e Kinget, dizem que para que a noção do eu seja eficiente, de maneira a atender a subjetividade do indivíduo, é necessário que seja realista, devendo, dessa forma, estar fundamentada na experiência autêntica do indivíduo, ou seja, em suas próprias experiências e para isso, a condição essencial é a liberdade experiencial.

Um postulado fundamental da teoria rogeriana é a tendência à atualização, que traz a ideia de uma energia natural, própria do ser, característica da vida orgânica. Está voltada para a manutenção ou ao crescimento do organismo como um todo. Essa tendência é contínua e autônoma e não visa apenas às condições básicas de subsistência; preside igualmente atividades mais complexas e mais evoluídas, tanto de ordem física como intelectual (ROGERS, 1975).

Ainda consonante com o mesmo teórico, todo organismo é movido por uma tendência inerente para desenvolver todas as suas potencialidades, de maneira a favorecer sua conservação e seu enriquecimento no sentido fenomenológico, por isso subjetivo. A tendência atualizante diz da capacidade de manifestação psicológica do indivíduo; em linguagem mais abstrata, chama-se tendência à atualização do organismo, que é a mais fundamental do organismo em sua totalidade. O que procura atingir é aquilo que o sujeito percebe como valorizador. Tem por efeito dirigir o desenvolvimento do "organismo" no sentido da autonomia e da unidade; isto é, num sentido oposto ao da heteronomia resultante da submissão às vicissitudes da ação das forças exteriores.

Essa tendência preside o exercício de todas as funções, tanto físicas quanto experienciais, levando-se em conta as possibilidades e os limites do meio. Ela não tem seu ponto de partida no desenvolvimento físico do organismo, essa hipótese é observada quando se explica o desenvolvimento da personalidade, isto é, do polo psíquico do "organismo". O que importa não é o caráter intrinsecamente positivo das condições, é a percepção dessas condições pelo indivíduo, da mesma forma não se trata tanto do "eu", tal como existe em realidade, mas do "eu" tal como é percebido pelo indivíduo (KINGET, 1975).

Kinget (1975) diz ainda que é a presença da tendência atualizante que nos permite distinguir um organismo vivo de um morto, significando assim que a tendência atualizante pode ser dificultada, mas não pode ser extinta sem que se destrua também o organismo.

Pinto (2010), citando Rogers (1983)[57], aborda que os comportamentos do organismo sempre estarão voltados para sua manutenção, crescimento e reprodução, independentemente da origem do estímulo, e mesmo da condição do ambiente, podendo ser ele favorável ou desfavorável, pois trata-se de um processo inato do organismo a que chamamos vida, sendo esse processo direcional e determinante, que diz se um dado organismo está vivo ou morto.

Sintetizando, Rogers e Kinget (1975) afirmam que o termo "organismo" abarca a unidade psicofísica em sua totalidade, da qual o "eu" é parte inerente, assim, depreende-se que está sujeito à operação da tendência à atualização. A conjugação destes dois fatores — a tendência à atualização e a noção do eu — determina o comportamento, sendo a primeira o fator dinâmico, que fornece a energia e a segunda, o fator regulador que dá a direção.

Vale ressaltar as observações descritas por Rogers (1978) a partir de memórias de sua infância, quando observou pela primeira vez a tendência atualizante se manifestando ao ver tímidos e fracos brotos de batatas, (originários da lata na qual eram armazenados os suprimentos de batatas no porão escuro e frio de sua casa) crescendo em direção a uma pequena centelha de luz. Embora fútil e bizarro, como ele descreve o crescimento dos brotos, eram como que uma expressão da incansável e relutante tendência atualizante.

A premissa básica da ACP é a crença nessa tendência atualizante do cliente e que, assim sendo, lhe seja permitido experienciar tal liberdade em um clima psicológico promovido pela tendência, de modo que a pessoa conquiste a capacidade de dirigir e resolver suas adversidades de maneira autônoma. (PINTO, 2010).

Quando há um ambiente de ajuda e condições facilitadoras para que a pessoa se autodirija, há uma propensão a que ela busque uma harmonia interna e, consequentemente, uma harmonia também com seu meio. Porém, para que isso ocorra de modo eficaz, é necessário que o facilitador acredite piamente na capacidade de crescimento dessa pessoa, de modo genuíno. (SENNO, 2010).

---

[57] Rogers, C. R. et al. **Em busca de vida**: da terapia centrada no cliente à abordagem centrada na pessoa. São Paulo: Summus, 1983.

No geral, a noção que se tem de liberdade é limitada, e deve ser ampliada, indo além da sua concepção física, pois a liberdade de que se trata aqui é de outra ordem: trata-se da liberdade experiencial e assim sendo, refere-se fundamentalmente aos fenômenos internos, relacionados às experiências e sentimentos do indivíduo. Ela existe à medida que o indivíduo se apercebe que pode manifestar e expressar sua experiência, seus sentimentos, seus pensamentos, suas emoções e desejos do seu jeito, sem se preocupar com as convenções morais e sociais; ou seja, estamos falando da liberdade psicológica, que dá conta de que a pessoa é dona dela mesma. (KINGET, 1975).

O sentido da liberdade de que se trata na ACP vai além da concepção externa, refere-se à liberdade da pessoa vivenciar suas experiências a seu modo:

> [...] a liberdade de que estou tentando descrever é essencialmente algo íntimo, alguma coisa que existe na pessoa viva, independentemente de qualquer das escolhas de alternativas em que tão frequentemente pensamos como constituintes da liberdade. (ROGERS, 1976, p. 59).

Corroborando ainda mais com o entendimento a respeito da liberdade experiencial, Rogers traz à luz de sua reflexão uma citação de Victor Frankl, descrita por ocasião de sua experiência em um campo de concentração nazista, em que fora preso e subtraído de sua família e de todos os seus bens: "tudo pode ser tirado de um homem, menos uma coisa: a última das liberdades humanas — de escolher a sua atitude em qualquer conjunto de circunstâncias, a escolha do seu caminho" (ROGERS, 1976, p. 59). Assim o autor conclui dizendo tratar-se de algo que existe no íntimo da pessoa, que é fenomenológico e não objetivo, mas necessita ser valorizado.

É preciso acreditar que a pessoa tem condições de trilhar seu próprio caminho, fazer suas próprias escolhas, abstendo-se de pretender direcioná-la, ignorando o seu querer por julgar saber o que seja melhor para ela. Se o terapeuta guia o cliente, além de desacreditar na sua capacidade, ainda coloca valores que são seus na vida da outra pessoa, tornando algo meramente técnico e convencional, o que foge aos princípios da ACP.

Além dos argumentos citados, na ACP aprende-se a acreditar que à medida que um ambiente propicia condições psicológicas de liberdade, aceitação e segurança estarão instauradas as condições que facilitarão amplamente esse contato da pessoa consigo mesma e com o ambiente externo, gerando, melhorias em sua QV e por inferência, à sua saúde.

Assim, dentro da perspectiva rogeriana, a alegação fundamental é a crença nessa tendência à atualização que a pessoa traz em si, e por ser assim, que lhe seja permitido saborear tal liberdade em um clima psicológico, de maneira que ela readquira a capacidade de administrar seus problemas com autonomia, ocupando a primeira posição na condução de sua vida e delegando ao profissional facilitador a posição secundária, que reflete, por sua vez, a estrutura da colaboração terapêutica, tal qual é entendida.

A ACP propõe as posturas e os princípios básicos que podem funcionar em uma relação de ajuda e que são as condições facilitadoras. Conforme Tambara e Freire (2010), em 1957 Rogers publicou artigo com o título *As condições necessárias e suficientes para a mudança terapêutica da personalidade*. Nele ele aponta as três atitudes necessárias na relação com o cliente, que devem ser proporcionadas para que a pessoa se autodirija rumo ao seu bem-estar, no sentido de buscar uma harmonia interna, e por consequência, também com o seu meio. Mais à frente, na mesma obra, o autor diz que tais condições são suficientes para a mudança terapêutica porque elas promovem a liberação da tendência atualizante do cliente. Sendo então externas, elas podem e devem ser favorecidas pelo facilitador desse processo de autodiretividade; são elas:

a) Consideração Positiva Incondicional: Essa é a principal atitude, aquela que rege todas as outras, sendo sua principal característica, além do caráter incondicional, a sua autenticidade. Tambara e Freire (2010) em seus estudos afirmam que a consideração positiva é incondicional quando não impõe cláusula alguma para que ocorra a aceitação, sendo assim é o oposto de uma apreciação seletiva. Ela está associada a atitudes de respeito e interesse genuíno pelo cliente, que indicam que o terapeuta valoriza o cliente enquanto pessoa.

b) Compreensão Empática: Refere-se à capacidade de o psicoterapeuta se colocar no lugar do outro, à medida que capta seus sentimentos e os respectivos significados que a pessoa lhes dá, e retorna expressando essa compreensão a ela, buscando assim se aproximar ao máximo da forma como aquela pessoa enxerga ou se sente a partir de seu contexto, sem, no entanto, sentir-se o outro (PINTO, 2010). À vista disso, a compreensão empática é contraditória à compreensão diagnóstica; está intrinsicamente relacionada a uma postura de aceitação e não julgamento (TAMBARA; FREIRE, 2010). No que diz respeito à postura de abstenção de julgamento, os mesmos autores reforçam esse entendimento dizendo que "o caráter não avaliador e aceitador do clima empático possibilita à pessoa assumir uma atitude de estima e interesse por si mesma" (TAMBARA; FREIRE, 2010, p. 85). Em outras palavras, a compreensão empática abre possibilidades para que a pessoa se coloque em primeiro plano, reconhecendo-se como pessoa e se valorize.

c) Congruência ou autenticidade: É uma condição também necessária para iniciar uma mudança construtiva de personalidade, e que nela o terapeuta deveria ser, nos limites desta relação, uma pessoa integrada, genuína e congruente. Wood (1997), reconhecendo o alto nível dessa exigência, afirma que não é necessário nem mesmo possível que o terapeuta atinja esse modelo de perfeição, sendo suficiente que ele seja precisamente ele mesmo na hora em que esta relação está ocorrendo com o cliente, entrando em contato com seus sentimentos que surgem nesse momento, como medos e dúvidas, simbolizando adequadamente suas experiências, ao invés de negá-los à consciência.

Para que ocorram as mudanças construtivas de personalidade na relação terapêutica, é necessário que o cliente se sinta incondicionalmente aceito e compreendido empaticamente pelo terapeuta. O terapeuta, por sua vez, precisa ter uma confiança genuína de que o cliente possui dentro de si os recursos que necessita para se desenvolver, bem como a certeza de que ele tem autonomia para escolher o seu próprio caminho de crescimento.

Senno (2010) vem corroborar com a importância da relação de ajuda ao afirmar que a capacidade autodiretiva é natural, sendo uma tendência evolucionista inata, à qual a pessoa recorre constantemente e por motivos diversos, mas, ressalta ela, isso ocorre principalmente quando se trata de questões de valores externos que lhe são impostos, na tentativa de influenciá-la. Esse distanciamento da tendência natural, afirma a autora, acaba por torná-la descrente de si mesma, daquilo que é e sente como primazia de sua vida; contudo a tendência atualizante continua seu ciclo com o intuito de avançar em seu fluxo natural, porém fragilizada; uma vez que esteja distante de si mesma, pode ser que essa tendência atue de maneira distorcida daquilo que seria o melhor para aquela pessoa.

No que diz respeito à necessidade de ajuda terapêutica, Rosenberg (1977) classifica os clientes em dois momentos, sendo o primeiro grupo formado por aquelas pessoas que precisam de ajuda no sentido de superar dificuldades ou carências que entravam seu ajustamento, e o outro formado por aqueles que, mesmo tendo um nível satisfatório de realização, buscam desenvolver-se a um grau de suficiência ainda mais elevado, convencidos de sua possibilidade de crescimento contínuo.

Segundo a mesma autora, a alteração da autoimagem, a conduta inadequada, a incapacidade de enfrentar uma nova situação ou mesmo a maneira como a pessoa percebe suas novas limitações, são formas assumidas por um processo que se pode chamar, unicamente, de um empecilho ao crescimento natural e completo da pessoa. Então, diz ela, se adotarmos a perspectiva da tendência atualizante do ser humano, a matéria da terapia deixa de estar no terapeuta e passa a estar na potencialidade do ser humano para a autorrealização. Porém, esse substrato fundamental, assim como em todos os seres vivos, requer condições externas para sobrevivência, melhor desempenho e também seu maior aperfeiçoamento.

Rosenberg (1977) deixa claro, no entanto, que no caso do ser humano, se estabelece uma dependência marcante de outra pessoa, no que se refere ao afeto, ao conforto, à avaliação, ao reconhecimento, etc. Sabe-se, porém que em muitos casos, ocorrem falhas na oferta dessas "ajudas", tanto em intensidade como em qualidade, e que essas lacunas podem provocar estados patológicos em diferente e variados graus. Diante disso, a presença ativa e real do terapeuta representa a ajuda externa para a pessoa continuar nesse caminho acidentado, cheio de imprevistos, para o autoencontro, permitindo a ela expor-se ao risco de enfrentar os seus desconhecidos internos, descobrindo seus recursos pessoais.

5.3 Doença crônica

Para ser considerada doença crônica, a enfermidade terá que apresentar uma ou mais das seguintes particularidades: ser permanente;

produzir incapacidade ou deficiência residual; ser causada por alterações patológicas irreversíveis; exigir uma formação especial do doente para a reabilitação; exigir longos períodos de supervisão, observação ou cuidados (OMS, 2003). Ainda em consonância com o mesmo relatório, o termo "condições crônicas" abarca todos os problemas de saúde, contemplando causas distintas e podendo ser não transmissíveis, como cardiopatias, diabetes, câncer, insuficiência renal, complicações respiratórias, distúrbios mentais de longo prazo como, por exemplo, a esquizofrenia e depressão, e também outras tantas que são transmissíveis, como a síndrome de deficiência adquirida (AIDS), tuberculose, etc. Consideram-se ainda como tal as deficiências físicas permanentes, ou "problemas estruturais", como cegueira e amputação, dentre outras, desde que se estendam por um longo prazo e também requeiram acompanhamento da equipe de saúde.

A inclusão de transtornos mentais e deficiências físicas alargam os conceitos tradicionais de condição crônica, pois que também demandam monitoramento e gerenciamento de longo prazo. Desse modo, as condições crônicas não são mais vistas da forma tradicional. Atualmente representam o maior problema de saúde em países desenvolvidos e as tendências para os países em desenvolvimento preveem uma situação semelhante (OMS, 2003).

De acordo com esses conceitos de doença crônica, é importante pensar na QV do paciente, destacando-se o papel do doente para a consecução desse objetivo. Considera-se que ele não seja "passivo" no tratamento; pelo contrário, é considerado um "produtor de saúde".

5.4 Qualidade de vida

Historicamente, a avaliação da QV tem sido cada vez mais reconhecida e utilizada na área da saúde. Mas essa discussão sobre QV não pode ficar limitada à dimensão biomédica. É preciso ser mais abrangente. De acordo com a OMS (2003), o conceito (multidimensional) de **saúde** é um estado de completo bem-estar físico, mental e social. Considerando, portanto, que saúde não é apenas a ausência de doença, a adequada avaliação da QV é bastante complexa. Deve estar baseada na percepção dos indivíduos sobre o seu próprio estado de saúde, que, por sua vez, sofre a influência do contexto cultural e do sistema de valores em que a pessoa vive. Experiências subjetivas contribuem de maneira inequívoca nos parâmetros da avaliação, mas é através da perspectiva do próprio indivíduo que será permitida a compreensão integral das consequências de uma determinada doença e do seu tratamento.

No que se refere ao aspecto metodológico, Seidl e Zannon (2004) apontam para as dificuldades em se avaliar a QV, e que talvez por isso sua inclusão na prática clínica seja tão limitada. Aventam que talvez tal entrave exista devido à escassez de informações das equipes de saúde no que se refere às diversas possibilidades de investigação da QV e que por isso comprova-se na prática a resistência de muitos profissionais da saúde em adotar essa avaliação na rotina de atendimento de seus pacientes.

Ampliando um pouco mais a discussão sobre a multidimensionalidade de QV, as mesmas autoras supracitadas acentuam que somente a própria pessoa pode avaliá-la, opondo-se às inclinações iniciais em que essa era avaliada por um observador, que frequentemente era um profissional de saúde. Nesse sentido, dizem elas, deverá ser considerada a perspectiva da pessoa e não a visão de cientistas e de profissionais de saúde. Elas criticam os estudos realizados sobre este tema por incluírem pessoas saudáveis, ao invés de se restringir a amostras de pessoas portadoras de agravos específicos.

Em se tratando de pacientes com doenças crônicas, há necessidade de ir além dos indicadores clássicos de saúde/enfermidade, os quais podem informar somente o "estado do paciente/gravidade da doença", não permitindo, porém, saber se a QV do indivíduo está mais ou menos comprometida. É necessário levar em conta qual o estilo de vida do paciente, os aspectos da vida que são especialmente valorizados pelo paciente, sua adequada disposição física e/ou emocional, o nível de conforto material, manutenção ou não da capacidade de realizar tarefas intelectuais, sua participação nas atividades sociais, etc. (SILVEIRA, 2007).

5.5 Metodologia

Foi realizada, em um primeiro momento, uma pesquisa bibliográfica, objetivando o contato direto com o que foi publicado sobre o tema, através de livros, artigos, revistas, publicações avulsas, teses e dissertações em fontes conhecidas e confiáveis. Posteriormente, foi utilizada a metodologia de pesquisa documental de um livro publicado, buscando compreender a percepção do autor a respeito da QV. Em relação à abordagem teórica, esse trabalho foi elaborado a partir do referencial humanista, tomando-se como orientação primária os estudos e teorias de Carl Ranson Rogers, e como referência secundária, os trabalhos de seus colaboradores assim como outros autores também conceituados.

A pesquisa documental se estabelece como ferramenta coadjuvante de grande importância quando se trata de uma pesquisa qualitativa, tanto acrescentando informações fornecidas por outras técnicas, como também trazendo novos aspectos a um problema ou tema. É realizada a partir de fontes diversas, tais como: cartas, fotografias, desenhos, relatórios, diários, mapas, depoimentos orais e escritos, certidões, obras gerais de qualquer natureza, etc. Ressalta-se que essa pesquisa não se confunde com a pesquisa bibliográfica.

Para efeito de pesquisa documental, foi utilizado o livro *Hoje eu desafio o mundo sem sair de minha casa – minhas histórias*, devido à riqueza de informações nele contidas e diante da possibilidade de se extrair informações que ampliariam o entendimento do tema aqui proposto. A obra é uma autobiografia de um produtor artístico cultural que adotou o pseudônimo Fernando Monstrinho. A primeira edição do livro foi publicada em 2010[58], e nela o autor, à época com 51 anos de idade, apresentava depoimentos contundentes sobre o tema aqui proposto.

Seguiram-se as etapas e procedimentos apropriados e necessários de exame e organização das informações que foram categorizadas e posteriormente analisadas, conforme sugere. Em avaliação preliminar do documento foi observado o contexto histórico, a autenticidade e confiabilidade da obra, em que ficou nítido se tratar de relatos de experiência do próprio autor, de acordo com o que recomenda Sá-Silva, Almeida e Guindani (2009).

Após a leitura analítica do livro, observou-se a necessidade de conhecer o autor pessoalmente com breve troca de ideias, para melhor compreensão dos fenômenos lá relatados. Esse encontro ocorreu em 08/03/2013 num primeiro momento, e em 13/06/2013 num segundo momento, um pouco antes da morte do autor, que faleceu em agosto de

---

[58] Foram lançadas três edições do livro.

2014. Nesses encontros foram disponibilizadas por ele a segunda edição do livro, assim como outros documentos: alguns recados (post-its) que utilizava para comunicar-se com determinadas pessoas, em circunstâncias em que sentia necessidade de se fazer ouvir de maneira mais clara, além de relatos orais de novas experiências por ele vivenciadas no que se refere ao tema aqui proposto. Entretanto, neste estudo optou-se por não utilizar tais documentos, procurando priorizar apenas a leitura e análise do livro acima mencionado. Devido às dificuldades de comunicação impostas pela doença, a conversa com Fernando Monstrinho foi intermediada por sua assessora e procuradora. Tal mediação se tornou necessária, devido às dificuldades de comunicação oral impostas pela enfermidade; para tal, ele se valia de um método de comunicação não oral[59], criado por ele durante uma internação em um Centro de Terapia Intensiva. Esse mesmo método era utilizado por todos os profissionais da saúde que o assistiam e também por familiares e amigos.

Foi possível identificar a relevância da QV para a manutenção e/ou melhora da saúde do doente. Fernando Monstrinho sempre se apresentou receptivo e se expressava de maneira contundente e objetiva, reafirmando tudo que já fora dito em seu livro. Após o encontro ele colocou-se à disposição para novos contatos, não impondo exigências nem mesmo no que diz respeito a dia e horário para tais eventos, assim como também liberou material ilustrativo de seu arquivo pessoal, disponibilizando-se igualmente para fotografias e filmagens, caso fossem também necessários. Percebia-se a todo instante sua satisfação em colaborar com a pesquisa, sempre reafirmando a possibilidade para dar seu depoimento, até porque esse era também seu objetivo, conforme fora dito através de sua assessora, qual seja levar a informação sobre a doença ao maior número de pessoas possível, demonstrando com seu exemplo que, ainda que em condições limitadoras, é possível não perder a integridade, autonomia e a noção do EU, e não acomodar-se aceitando a condição de passividade, ficando à mercê do outro.

---

[59] Esse método, de acordo com Monstrinho (2010), consiste na divisão do alfabeto em duas linhas, sendo a primeira linha de A a M e a segunda linha de N a Z. Para informar em qual linha está a letra que quer utilizar, ele pisca uma vez quando estiver na primeira linha e deixa de piscar se estiver na segunda linha. Depois a interlocutora vai dizendo letra por letra da linha escolhida, até que ele pisque ao chegar naquela que ele quer utilizar.

5.6 Algumas considerações

5.6.1 A trajetória do autor do livro

Fernando Monstrinho, como preferia ser chamado, era solteiro e morava com seus pais, tinha três irmãos e oito sobrinhos, pelos quais tinha um apreço especial. Vivia intensamente todos os seus dias, sempre rodeado de muitos amigos, com quem viajava sempre, praticava esportes e organizava festas, e esse era o seu conceito de QV. Ele contou que nunca se casou, apesar das maravilhosas namoradas com quem se relacionou, pois preferia não abrir mão da liberdade que a vida de solteiro lhe propiciava.

Aos 42 anos de idade, no auge de suas badalações passou a perceber que suas mãos começaram a perder as forças, até que em 24 de abril de 2004, dia de seu aniversário, foi informado por seu médico de que tinha uma doença grave, foi então diagnosticado com Esclerose Lateral Amiotrófica (ELA), e ainda assim não cancelou sua festa de aniversário que havia planejado, também não deixou que ninguém percebesse que estava com problemas. Depois do choque inicial, ele deu a volta por cima e, dentro das limitações impostas pela doença, continuou a tocar sua vida, contando com o apoio de familiares e profissionais da saúde.

Fernando Monstrinho dizia que sempre foi muito otimista em relação à doença, não chegando a revoltar-se nem mesmo com Deus pelo adoecimento. Ele relatou em seu livro que aproveitou a vida sempre da melhor maneira possível, cercado de amigos, fazendo tudo que tinha vontade, vivendo inesquecíveis momentos mágicos. Mesmo doente, continuou seu trabalho, dividindo seu tempo entre a produção de eventos, exames, tratamentos alternativos e viagens ao exterior em busca de novos tratamentos. Fernando Monstrinho mostrou-se sempre resiliente e sua força de vontade serviu de inspiração para pessoas debilitadas e desoladas:

> Pretendo bater o recorde do cientista inglês Stephen Hawking que já convive com a doença há quase quarenta anos e está em atividade até hoje. Para isso, tenho que exercitar minha mente todos os dias e não deixar meu dia cair na rotina. Tenho que estar sempre pensando em fazer alguma coisa. (MONSTRINHO, 2010, p. 28).

E mais:

> Já estou bem adaptado à nova vida com a doença, a ponto de conseguir ser feliz como antes. Essa felicidade se deve a ter tido uma vida maravilhosa e não ter sido abandonado pelos amigos e nunca me sentir sozinho, ter sempre a cabeça ocupada com pensamentos positivos e coisas para fazer. (MONSTRINHO, 2010, p. 69).

5.6.2 Sobre sua enfermidade

Segundo informações da Associação Brasileira de Esclerose Lateral Amiotrófica[60], da qual Fernando Monstrinho foi colaborador, a etiologia da ELA é ainda hoje um enigma indecifrável. Ela é também conhecida como doença de Lou Gehrig. A incidência é em média cerca de 1/50.000 por ano. Trata-se de uma enfermidade degenerativa e progressiva e cerca de 25% dos pacientes sobrevivem por mais de cinco anos depois do diagnóstico. (BRASIL, 2019).

Essa síndrome provoca a degeneração progressiva dos neurônios motores superiores, inferiores e do tronco encefálico, levando, por consequência à atrofia muscular, disfagia[61] e disartria[62], culminando com o comprometimento total da fala. Porém, as funções corticais superiores como a inteligência, juízo, memória e os órgãos dos sentidos não são afetados; dessa maneira, os músculos que movem os olhos permanecem intactos. A doença piora lentamente, e quando os músculos do peito param de trabalhar, fica muito difícil ou impossível respirar por conta própria, requerendo assim o auxílio de respirador artificial.

Ainda não existe nenhum exame que seja um marcador definitivo de ELA, seu diagnóstico é dado por exclusão.

5.6.3 Aspectos etnográficos do encontro

Monstrinho e sua assessora já me aguardavam quando cheguei para o encontro marcado, sendo recebida com alegria e atenção. Apresentei-me e

---

[60] http://www.abrela.org.br/

[61] Alteração na deglutição, ou seja, no ato de engolir alimentos ou saliva.

[62] Alteração na expressão verbal causada por uma alteração no controle muscular dos mecanismos da fala.

falei de meu propósito, dizendo um pouco do que havia me despertado a atenção sobre sua história de vida. A receptividade com que me acolheram deixou-me bem à vontade e tranquila. Pedi, porém, que me avisassem caso minha permanência se tornasse inoportuna em algum momento, contudo a assessora me esclareceu que Fernando Monstrinho não se importava em ter visitas, pelo contrário, sentia prazer em recebê-las.

Notei que a sua casa, já na entrada, apresentava uma leveza e alegria, que eram suas características; seu muro de um lado estava grafitado com imagens multicoloridas de todos os seus sobrinhos, e no outro lado com a imagem da capa de um dos CDs da banda Skank e a imagem do grupo Jota Quest, dos quais era muito amigo, além de carros importados e outras figuras mais que representam suas paixões. Até mesmo seu banheiro tinha um grafite bem-humorado, afora os quadros com camisas de futebol autografadas, espalhadas em todos os cômodos, que eram claros e arejados. Seu quarto era conjugado com a sala, copa e cozinha, de forma que, da sua cama, ele conseguia ter visão de todos os ambientes internos e também da rua, através de uma ampla janela.

5.7 Análise de conteúdo

A análise documental foi feita a partir das informações colhidas no livro *Hoje eu desafio o mundo sem sair de minha casa – minhas histórias*, bem como outras mais que foram observadas durante encontro com o autor, posteriormente confrontando as informações nele obtidas com os temas e ideias apresentadas no referencial teórico deste estudo. Para isso foram criadas quatro categorias de análise: Autonomia; Buscando a tendência atualizante; Fernando Monstrinho e a relação de ajuda; e A importância da aceitação incondicional.

5.7.1 Autonomia

Não havia nada em seu lar que nos remetia a tristeza e sofrimento, nem mesmo toda a aparelhagem necessária à sua sobrevivência, como o respirador, o cilindro de oxigênio, equipamentos de enfermagem, etc. Segundo informação da assessora, todos os detalhes da casa foram idealizados por Fernando Monstrinho, que de vez em quando pedia para alterar uma coisa ou outra; ela reforçava sempre que ele não abria mão da administração de sua casa e de seus negócios, e que mesmo após a doença ele continuou trabalhando com produção de eventos, de onde advinha sua renda financeira.

Respeito às suas decisões, liberdade experiencial e autonomia foram aspectos de sua vida cotidiana que revelavam sua QV. Significava ser consultado e atendido, desde qual o melhor momento de virar na cama, hora de alimentar e mesmo quando colocar a fralda ou outros aspectos que poderiam parecer banais. Apesar da imobilidade, era ele quem decidia inclusive onde e quando ir, fosse para assistir a um show, uma partida de futebol, visitar um amigo ou outro evento que requeria sua locomoção. Fernando Monstrinho tinha um companheiro que também lhe trazia muitas alegrias: seu cachorrinho, que estava sempre à sua volta, e até mesmo no que se referia aos cuidados com o cão era ele quem escolhia o melhor momento para o banho e a tosa.

> Até hoje, qualquer situação colocada pelos médicos ou qualquer outra pessoa tem que ser negociada comigo, não aceito tomar qualquer remédio ou fazer qualquer dieta, se não achar que sejam bons para mim. Eu faço meus horários para tudo. Em casa, sei de tudo que está acontecendo, e resolvo quase tudo, desde um pequeno problema, como mandar arrumar uma torneira, até pagar as minhas contas. Desde o começo da doença agia assim. (MONSTRINHO, 2010, p. 55).

Contudo, Fernando Monstrinho ainda não se sentia inteiramente satisfeito com a autonomia que tinha. Com relação aos cuidados que lhe eram necessários, ele às vezes tinha que ceder e concordar, tal qual acontece com quem não está acometido por doença crônica grave e que faz exames desagradáveis ou toma medicamentos que não goste. Isso corroborava com seu ótimo estado psíquico, apesar da doença crônica grave.

O que se percebia ao estar na presença de Fernando Monstrinho era uma pessoa autêntica, certa do que queria e relutante em abrir mão de sua integridade e bem-estar, até mesmo quando se tratava de tomar banho de chuveiro todos os dias, pois não gostava de tomar banho na cama, apesar das limitações. Inclusive sabendo que às vezes não era compreendido ou aceito, ele insistia utilizando-se dos meios que lhe eram possíveis, isto é, descobriu os seus próprios recursos, devolvendo sua autonomia.

Esse seu saudável "jeito de ser" observado corrobora com o conceito multidimensional de saúde adotado pela OMS (2003), que diz ser um completo estado de bem-estar físico, mental e social, reservando-se aí a condição física em que ele se encontra. Compreende-se então que Fernando Monstrinho concebia também o sentido de QV tal qual Fleck (2000) o apresenta, ao buscá-la a partir de sua posição na vida e a partir de seu contexto cultural bem como o juízo de valores de seu meio.

5.7.2 Buscando a tendência atualizante

Fernando Monstrinho relatou em seu livro que, apesar de sua debilidade física, não alterou seu humor, sentia-se feliz, e na medida do possível procurava ocupar seu tempo com o trabalho para não se deprimir. Em nosso encontro, sua enfermeira daquele plantão reiterou sua resposta quando perguntado sobre seu estado emocional, dizendo que nem mesmo remédio para dormir ele utilizava, pois dormia muito bem. Ele considerava seu humor como bom, apesar de às vezes ficar irritado, naturalmente como qualquer outra pessoa que goze de plena saúde. Fernando Monstrinho foi se adaptando à sua nova condição, que sabia ser irreversível.

> Aprendi a gostar de aspirar, ou seja, enfiar uma sonda na traqueia, nariz e boca, cinco vezes por dia. Pela manhã me dedico ao Ócio Criativo, quando aproveito para dormir, porque não consegui deixar de ser da noite, e peço aos enfermeiros que leiam para mim. Aprendi a tomar decisões com mais calma e a pensar mais antes de falar, isso fez de mim mais cauteloso. (MONSTRINHO, 2010, p. 69).

Quando sentia que não estava recebendo a devida consideração e respeito, o entrevistado reagia imediatamente, buscando as condições que julgava necessárias ao seu bem-estar. Conhecedor de seus direitos, ele chegava a solicitar substituição do profissional de saúde que não o ajudasse adequadamente, e assim não deixava que se interrompesse seu fluxo atualizante contínuo, já descrito por Rogers em suas formulações como uma força que está presente em todas as ações do indivíduo.

Fica aqui demonstrado o que Kinget (1975) apontou ao dizer que a tendência atualizante preside o exercício de todas as funções, tanto físicas quanto experienciais, levando-se em conta os limites do meio e não tendo como ponto de partida apenas o desenvolvimento físico do organismo. Conforme percebido nos relatos de Fernando Monstrinho, sua tendência atualizante foi dificultada (respirador artificial, dificuldade com a leitura, impossibilidade de movimentos, etc.), porém não foi extinta.

5.7.3 Fernando Monstrinho e a relação de ajuda

Numa das primeiras vezes em que Fernando Monstrinho ficou internado no CTI, sentiu-se ultrajado diante de decisões que foram tomadas pela equipe médica, no que se referia aos procedimentos a serem adotados; sentiu-se invadido de maneira desrespeitosa. Também relatou que sequer teve acompanhamento psicológico e deixa claro a importância dessa ajuda. Notou-se em seus depoimentos que diante do adoecimento ele foi aos poucos se readequando à sua realidade, e com a mesma energia de antes ele adotou atitudes resilientes:

> Não conseguir falar me fez mais comedido. Meu maior medo é me sentir sozinho. Não é fácil conseguir pessoas dispostas a te dar atenção ou parar a fim de ouvi-lo. Hoje entendo melhor a profissão de psicólogo, as pessoas pagam para ser ouvidas. Acho que estou conseguindo mudar o sentimento das pessoas para comigo. Elas estão começando a sentir orgulho da minha disposição em lutar pela vida. (MONSTRINHO, 2010, p. 69).

Apesar da transparência quanto à sua autonomia, Fernando Monstrinho sabia de suas limitações físicas e de sua necessidade do outro para acessar seus próprios recursos internos. Ele percebia que parte de sua liberdade só era possível à medida que o outro se disponibilizava, e isso fica claro e bem exemplificado em seu relato: "[...] Por isso peço ajuda aos meus amigos, enfermeiros, e principalmente aos meus sobrinhos [...] Sem eles, nada disso seria possível." (MONSTRINHO, 2010, p. 67), consoante ao que diz Rogers (1961) quando explana que essa ajuda favorece no sentido de que ele tenha maior capacidade de enfrentar a vida.

Conforme trazido por Kinget (1975) no referencial teórico, a liberdade existe à medida que o indivíduo se apercebe que pode manifestar e expressar: sua experiência, seus sentimentos, seus pensamentos, suas emoções e desejos de seu modo, sem se preocupar com as convenções morais e sociais, ou seja, estamos falando da liberdade psicológica, que dá conta de que a pessoa é dona dela mesma. Assim, compreende-se que o bem-estar de Fernando Monstrinho esteve diretamente relacionado à aceitação da ajuda, assim como à QV que o outro lhe disponibilizava, através de suas atitudes.

5.7.4 Aceitação incondicional do paciente

No que se refere aos cuidados que alteravam a QV, Fernando Monstrinho destacou a importância da comunicação, e a imprescindibilidade da escuta nesse processo. Relembrava ele que, enquanto internado, os profissionais não conversavam com ele, não se importavam em escutá-lo para saber o que queria, preferindo seguir o procedimento padrão de cuidados da instituição (Monstrinho, 2010, p.48). A exemplo disso, ele se recordou de um fato lastimável ocorrido em uma de suas últimas internações, quando sua assessora pediu a um enfermeiro que o virasse no leito, recebendo dele uma recusa sob a alegação de que a "norma" determina que esse procedimento fosse feito a cada uma hora. Embora ela tenha insistido, dizendo que ele gostava de ser virado a cada quarenta minutos, o enfermeiro recusou-se a atendê-lo, para não descumprir ordens da instituição.

Ainda nesse mesmo dia, sua assessora solicitou ao médico do CTI que o aspirasse e a resposta foi que não iria aspirar porque o paciente não estava precisando. A acompanhante precisou convencer o médico de que se tratava de um pedido do paciente e que era este quem sabia quando precisava ou não. Ao final ela esclareceu ao profissional que a família tinha o hábito de acatar a vontade de Fernando Monstrinho e, embora discordando, por fim, ele atendeu ao apelo.

Trata-se aqui de aceitar a pessoa incondicionalmente, buscando compreender o que é melhor para ela a partir do referencial do próprio paciente e não da instituição ou do profissional de saúde. Certamente, nesses casos a aceitação não foi incondicional e irrestrita, havia uma condição para essa aceitação, qual seja, que estivesse de acordo com as normas da instituição em primeiro lugar e se comportasse como um "paciente", esperando passivamente pelos cuidados da equipe de saúde. Portanto, esse não foi um facilitador, tampouco houve a preocupação com a QV do cliente internado. Não fosse a relação de ajuda pré-existente entre ele e sua acompanhante, seu bem-estar estaria, naquele dia, comprometido.

Refere-se ainda ao fato de devolver, ou não tirar da pessoa, algo que não lhe pode ser tirado ou roubado, que é a liberdade de decidir o que seja melhor para si. Aquela liberdade a que Rogers (1976) descreveu como sendo algo essencial e íntimo, que existe na pessoa viva. O teórico, citando Victor Frankl, diz ainda que tudo pode ser tirado de um homem, menos a liberdade de escolher, que ele diz ser a última das liberdades humanas. Refere-se ainda a adotar uma atitude humanista, enxergando o homem com um todo complexo e organicamente integrado, cujas qualidades únicas vêm de sua configuração total, conforme esclarece Boainain (1998).

5.8 Considerações finais

Este estudo teve como objetivo refletir sobre o significado de QV para o doente crônico grave, estando ele hospitalizado ou mesmo recolhido ao leito em sua própria casa, em assistência domiciliar.

Foi ele embasado na ACP, tendo como referência o enfoque abrangente, tanto dos principais teóricos dessa abordagem, dentre eles Carl Rogers, como também sob o ponto de vista de uma pessoa acometida por uma doença crônica grave, fato este que é fundamental, uma vez que, em consonância com os princípios da ACP, somente a própria pessoa poderá definir o que seja melhor para si.

Alicerçada no que foi pesquisado e apurado, tanto nas pesquisas bibliográfica e documental, quanto nas observações feitas a partir do encontro com Fernando Monstrinho, foi possível considerar que as práticas adotadas hoje pelos profissionais da área da saúde são inadequadas e insuficientes, no que tange à utilização de estratégias de mensuração não subjetivas. Verifica-se que há uma tendência à rigidez no que se refere ao cumprimento de normas institucionais, negligenciando a escuta do personagem principal, a pessoa doente, que precisa ser compreendida na sua singularidade.

Sendo a QV um construto iminentemente interdisciplinar, merece a participação de diferentes áreas do conhecimento, dentre elas a psicologia e mais especificamente a ACP, que muito tem a contribuir na relação de ajuda ao cliente, pelo seu dinamismo e crença que mantém nos potenciais positivos do homem, orientados para o crescimento e a autorrealização, respeitando o "jeito de ser" da pessoa, valendo-se das condições facilitadoras que favorecerão amplamente esse contato da pessoa consigo mesma e com o ambiente externo, gerando melhorias em sua QV e, por inferência, à sua saúde.

Não há de se falar em QV de um doente crônico grave sem se aventar para o respeito à sua liberdade experiencial. Embora esteja evidenciada sua fragilidade e dependência do outro no tocante aos cuidados corporais, não deixa ele de ser uma pessoa em busca e em construção contínua de si mesma. Ele precisa ser compreendido como um ser humano livre e autônomo, independentemente de seu estado de saúde, uma vez que é eminentemente um produtor de saúde e seu próprio agente de mudanças, bastando para tal que o psicólogo centrado esteja imediatamente presente e acessível ao seu cliente, apoiando-se na sua experiência, momento a momento, para facilitar o movimento terapêutico, conforme recomenda Rosenberg (1977).

Dada a dificuldade em se conceituar QV, devido à amplitude, abrangência e subjetividade nela envolvidas é que há na atualidade uma flexibilidade em sua acepção. Assim, compreende-se que esse conceito também pode ser alterado em relação à própria pessoa nos diversos estágios de sua vida. Percebe-se ainda que fatores socioeconômicos, assim como aqueles relacionados às atividades sociais e à avaliação subjetiva da saúde podem influenciar consideravelmente em sua concepção.

Considerando que saúde não é apenas a ausência de doença, a adequada avaliação da QV é bastante complexa. Deve estar baseada na percepção que a pessoa tem sobre o seu próprio estado de saúde, que, por sua vez, sofre a influência do contexto cultural e do sistema de valores em que vive. Experiências subjetivas contribuem de maneira inequívoca nos parâmetros da avaliação, mas é através da perspectiva do próprio indivíduo que será permitida a compreensão integral das consequências de uma determinada doença e do seu tratamento.

Foi observado que a discussão sobre a multidimensionalidade de QV deve ser ampliada, pois somente a própria pessoa pode avaliá-la, opondo-se às inclinações iniciais em que essa era avaliada por um observador, que frequentemente é um profissional de saúde, e que nesse caso não é considerada a perspectiva da própria pessoa. Quando se trata de pessoas com doenças crônicas graves, há necessidade de ir além dos indicadores clássicos de saúde/doença, pois esses indicam apenas o estado do paciente em relação à gravidade da doença, não permitindo saber o nível de QV daquela pessoa, pois para essa a doença se arrasta por um período indeterminado de tempo, uma vez que é irreversível e a gravidade da doença deixa e ser o foco principal.

Amparando-se nas reflexões de Contini, Koller e Barros (2002), considera-se que embora a definição de saúde proposta pela OMS seja ampla e subjetiva, apresenta-se como algo inatingível e ilusório, uma vez que considera que seja "um estado de completo bem-estar físico, mental e social". Há de se questionar o adjetivo "completo" articulado nesse conceito, principalmente a partir das constatações aqui apresentadas, em que embora Fernando Monstrinho estivesse com a saúde física seriamente comprometida, ele próprio considerava-se saudável e capaz, abrindo mão inclusive de medicamentos paliativos aos quais teria direito se assim o desejasse.

A relação pessoa/saúde/QV passa então pelo crivo da subjetividade do indivíduo e seu contexto; trata-se do que ele considera essencial para sentir-se saudável e o ponto de partida é sua noção do eu, que diz de um conjunto organísmico organizado e mutável. Dessa forma, compreende-se que já não cabe mais o conceito abrangente e utópico de saúde, podendo ser reformulado como: um estado de bem-estar físico, psíquico e social adequado à perspectiva subjetiva de cada indivíduo.

Falar em QV de uma pessoa com doença crônica grave requer que se considere a tendência atualizante que é inerente ao indivíduo, pois ela preside o exercício de todas as funções, tanto físicas quanto experienciais, estando presente em todos os momentos da vida, mesmo que às vezes seu fluxo se encontre dificultado, não podendo, porém, ela ser extinta sem que se destrua também o organismo, como diz Kinget (1975) sabiamente. Contudo, não se pode excluir, as limitações do meio e da própria pessoa. O que importa é a percepção dessas condições pelo indivíduo; trata-se aqui de como a pessoa percebe o seu "eu", e não como ele existe na realidade. O que deve ser atingido é aquilo que o doente percebe como valorizador, como, por exemplo, o melhor momento para se virar na cama, quando aspirar, querer ou não receber uma visita, enfim, ser escutado e respeitado em suas vontades e reais necessidades, tirando-o do lugar de submissão e meramente de um "paciente".

Foi observado durante as pesquisas e observações que o conceito de QV para uma pessoa doente tanto pode ser alterado em virtude de seu adoecimento, momento em que mudam suas prioridades e necessidades, como também pode se manter o mesmo de antes do adoecimento, como ocorreu com Fernando Monstrinho, que apesar de todas as limitações que foram surgindo ao longo da evolução de sua doença, manteve o mesmo conceito de QV, que para ele significava buscar sempre a felicidade e viver intensamente todos os dias, não abrindo mão de sua autonomia e liberdade experiencial, embora tivesse consciência de sua constante dependência de profissionais da saúde e familiares para fazer valer seu bem-estar.

O presente estudo não pretendeu obter certezas e comprovações, mas sim abrir caminhos e suscitar interesses para novas indagações e investigações futuras, tanto da própria autora como de outros pesquisadores que se interessem pelo tema; até porque em próximas pesquisas muitos fatores limitadores poderão ser superados, como o fato de ter observado apenas uma pessoa, podendo essa observação ser ampliada para uma amostra maior, incluindo-se nesse estudo a diversidade no que se refere a gênero, idade, grau de comprometimento da doença, tempo de hospitalização, condição financeira da pessoa doente, dentre outros fatores que possam também contribuir com maior fidedignidade para os resultados apurados.

Por outro lado, embora ladeada pelos fatores limitadores acima expostos, o estudo foi de grande valia para compreensão do real significado de QV e sua importância quando aplicada ao contexto do doente crônico grave. Foi possível compreender porque a ACP é uma abordagem adequada para atuar junto a essa pessoa doente, contribuindo no sentido de facilitar a elevação de sua QV, pois tem como premissas a atuação de maneira ética e ilibada, sobretudo por considerar que a melhor maneira de se ajudar uma pessoa é acreditando nela, bem como em sua capacidade de pensar, sentir, buscar e direcionar sua própria necessidade de mudança, buscando então facilitar as condições ideais para que ela entre em contato consigo mesma e assim conquiste uma harmonia interna e consequentemente também com seu meio.

Referências

BOANAIN Jr., E. **Tornar-se transpessoal:** transcendência e espiritualidade na obra de Carl Rogers. São Paulo: Summus, 1998.

BRASIL. Ministério da Saúde. **Esclerose Lateral Amiotrófica (ELA)**: o que é, quais as causas, sintomas e tratamentos. Disponível em: <http://www.saude.gov.br/saude-de-a-z/ela-esclerose-lateral-amiotrofica>. Acesso em: 26 nov. 2019.

CONTINI, M. L. J.; KOLLER, S. H.; BARROS, M. N. S. **Adolescência e psicologia**: concepções, práticas e reflexões críticas. Conselho Federal de Psicologia: Brasília, 2002. Disponível em: <https://site.cfp.org.br/wp--content/uploads/2008/01/adolescencia1.pdf>. Acesso em: 19 nov. 2019.

FLECK, M. P. A. et al. Aplicação da versão em português do instrumento abreviado de avaliação da qualidade de vida "WHOQOL-bref". **Rev. Saúde Pública**, São Paulo, v. 34, n. 2, p. 178-183, 2000. Disponível em: <http://www.scielo.br/scielo.php?script= sci_arttext&pid=S-0034-89102000000200012&lng= en&nrm=iso>. Acesso em 19 nov. 2019.

KINGET, G. M. A noção-chave. In: ROGERS, C. R.; KINGET, G. M. **Psicoterapia e Relações Humanas**: teoria e prática da terapia não-diretiva. v. 1, primeira parte). Belo Horizonte: Interlivros, 1995, p. 39-100.

MONSTRINHO, F. **Hoje eu desafio o mundo sem sair da minha casa** – minhas histórias. Belo Horizonte: Literato, 2010.

OMS – Organização Mundial de Saúde. **Cuidados inovadores para condições crônicas**: componentes estruturais de ação: relatório mundial. OMS, Brasília, 2003. Disponível em: < http://www.dominiopublico.gov.br/pesquisa/ DetalheObraForm.do?select_action=&co_obra=14914>. Acesso em: 19 nov. 2019.

_____. **Promoción de la salud**: glosario. Genebra: OMS, 1998. Disponível em: <https://apps.who.int/iris/bitstream/handle/10665/ 67246/ WHO_HPR_HEP_98.1_spa.pdf;jsessionid= 7E76C0D520101AE11B-96F64A02D1508E?sequence=1>. Acesso em: 19 nov. 2019.

PINTO, M. A. S. A Abordagem Centrada na Pessoa e seus princípios. In: CARRENHO, E.; TASSINARI, M.; PINTO, M. A. S. **Praticando a Abordagem Centrada na Pessoa**: dúvidas e perguntas mais frequentes. São Paulo: Carrenho Editorial, 2010, p. 57-93.

ROGERS, C. R. **Tornar-se pessoa**. São Paulo: Martins Fontes, 1961.

_____. Teoria e pesquisa. In: ROGERS, C. R.; KINGET, G. M. **Psicoterapia e Relações Humanas**: teoria e prática da terapia não-diretiva. Belo Horizonte: Interlivros, 1975, p. 141-274.

_____. Aprender a ser livre. In: ROGERS, C. R.; STEVES, B. et al. **De pessoa para pessoa**: o problema de ser humano – uma nova tendência na psicologia. São Paulo: Livraria Pioneira, 1976, p.53-77.

_____. **Sobre o poder pessoal**. São Paulo: Martins Fontes, 1978. p.17.

ROSENBERG, R. L. Terapia para agora. In: ROGERS, C. R.; ROSENBERG, R. L. **A pessoa como centro**. (3ª reimpressão). São Paulo: E.P.U, 1977, p. 49-68.

SÁ-SILVA, JR.; ALMEIDA, C. D.; GUINDANI, J. F. Pesquisa documental: pistas teóricas e metodológicas. **Revista Brasileira de História & Ciências Sociais**, UNISINOS, São Leopoldo, ano I, n.1, 2009.

SEIDL, E. M. F.; ZANNON, C. M. L. da C. Qualidade de vida e saúde: aspectos conceituais e metodológicos. **Cad. Saúde Pública**, Rio de Janeiro, v. 20, n. 2, p. 580-588, abr. 2004. Disponível em: <http://www.scielo.br/scielo.php?script=sci_arttext&pid=S0102-311X2004000200027>. Acesso em: 19 nov. 2019.

SENNO, G. V. **A psicologia humanista e a abordagem centrada na pessoa**. Monografia. Pontifícia Universidade Católica de Campinas, Campinas: 2010. Disponível em: <https://encontroacp.com.br/material/teses/>. Acesso em: 19 nov. 2019.

SILVEIRA, T. R. Qualidade de vida e saúde/doença [Editorial]. **Associação Médica do Rio Grande do Sul**, v. 51, a. 1, p. 5-6, 2007.

TAMBARA, N.; FREIRE, E. **Terapia Centrada no Cliente**: teoria e prática: um caminho sem volta. Porto Alegre: Delphos, 2010.

WOOD, J. K. **Abordagem Centrada na Pessoa**. Vitória: Universidade Federal do Espírito Santo: 1997.

CAPÍTULO 6

Focalização: fundamentos teóricos, prática, adaptação das instruções

Walter Andrade Parreira

6.1 Introdução

Focalização (*Focusing*) é uma produção da Psicologia Humanista, um recurso riquíssimo para lidarmos com nossos sentimentos, emoções, intuições, etc., ou seja, com o nosso mundo experiencial. Ela nos traz ensinamentos e orientações que representam uma fonte preciosa para nossa saúde e bem-estar psicológicos.

Focalizar é uma prática que todos fazemos naturalmente, que o ser humano domina sem ter sido necessária qualquer experiência formal de aprendizagem. Desde que a capacidade reflexiva emergiu em nós, por volta de dois anos de idade, a vida nos presenteou também com a aptidão para a Focalização, embora, é claro, não déssemos tal denominação a esse processo. No entanto, trata-se de uma forma de lidarmos com nossos sentimentos e emoções que nunca foi devidamente valorizada, até que Eugene Gendlin, eminente mestre da Psicologia contemporânea, parceiro de trabalho e amigo de Carl Rogers, percebeu sua importância, dedicou-lhe atenção, fez dela objeto de pesquisas e conferiu-lhe um necessário e desejável destaque.

Ele descreveu esse processo a partir do seu trabalho como psicoterapeuta e da experiência do atendimento a pessoas muitíssimo feridas emocionalmente: a população interna de um hospital psiquiátrico dos Estados Unidos. Dessa experiência, na realidade, uma grande pesquisa em Psicologia, levada a efeito de 1958 a 1963, resultaram muitos artigos e um livro importante e denso (ROGERS, 1967). Mais tarde, Gendlin publicou um livro específico sobre a Focalização (GENDLIN, 2006), no qual ele a define, a descreve e a sistematiza, dividindo-a em passos e atribuindo-lhe a categoria de um método e de um procedimento essencial para a psicoterapia. Nessa publicação, apresenta, também, um *Manual*, um guia para orientar aqueles que desejam aprender a manejá-la.

A partir de então, tal recurso passou a ser muito conhecido e utilizado ao nível de consultórios, ambulatórios, hospitais, etc. e, mais tarde, também, fora do ambiente profissional, como uma forma potente de oferecer cuidado, preservação e ampliação da saúde psicológica. Focalizar passou a ser uma prática utilizada por todos que a conhecem, em encontros de grupos, de comunidades, no trabalho, em casa, enquanto fazemos caminhadas, etc. É bom entendermos, também, que podemos — e devemos — focalizar não somente quando experienciamos uma dificuldade ou sofrimento emocional, sentimentos difíceis e dolorosos, mas, também, quando vivenciamos sentimentos agradáveis e prazerosos.

6.2 Dimensões da subjetividade

SIMBOLIZAÇÃO

EXPERIENCIAÇÃO

Numa concepção experiencial em psicologia e psicoterapia, há duas dimensões em nossa subjetividade: experienciação e simbolização.

6.2.1 Experienciação

Este é um conceito central para entendermos a Focalização. Tradução do original inglês *"experiencing"*, proposto por Gendlin, refere-se a tudo aquilo que, de ordem emocional, existencial ou psicológica, está em curso em um dado momento em nós, no nosso existir. Somos seres de relação e *em* relação e, a todo instante, a vida nos impacta, nos toca, despertando sentimentos, percepções, sensações, reações, *felts senses*[63], etc.

---

[63] *Felt sense*: conceito que será abordado mais adiante.

Estamos em permanente contato e interação com o mundo, e a experienciação é a forma como a pessoa recebe, acusa, processa e dá sentido a esse contato e a essa interação a cada momento.

Somos fluxo, um fluir experiencial incessante e ininterrupto, um processo vital que, como o respirar, só cessa com a morte. Uma analogia nos ajuda a compreender a experienciação:

> Experienciação refere-se necessariamente a algo em processo [...]; é uma espécie de fluxo psicológico que constitui o funcionamento do psiquismo humano. Pode-se arriscar uma analogia: assim como o fluxo sanguíneo é o fluido que sustenta a vida somática, a experienciação é o 'sangue psicológico' que alimenta a vida subjetiva de cada ser humano. [...] É o processo de sentimento vivido corpórea e concretamente; constitui a matéria básica do fenômeno psicológico e da personalidade. (MESSIAS, 2015, p. 41).[64]

6.2.2 Simbolização

Este conceito se refere à capacidade reflexiva do ser humano, à possibilidade de apreendermos a nossa experienciação através de símbolos, conceitos, imagens, etc. Uma das características da experienciação[65] é que ela é de natureza pré-simbólica, pré-conceitual ou pré-verbal, o que significa que a simbolização ou apreensão do experienciar, ao nível da nossa capacidade reflexiva, dar-se-á sempre *a posteriori* em relação ao próprio experienciar. Em uma pessoa que esteja em alto nível de funcionamento psicológico, desfrutando de um modo de existir psicologicamente saudável, o experienciar deságua fácil e rapidamente no simbolizar: experienciou, simbolizou. Essa pessoa estará em condições de fazer o melhor uso da sua capacidade de elaborar, ou seja, de processar, ao nível conceitual, aquilo que era, até então, uma experiência silenciosa,

---

[64] Nesse aspecto, há uma perda no sentido do vocábulo *"experiencing"*, quando traduzido para o português como "experienciação": o gerúndio é substantivado e a noção de processo, de fluxo que caracteriza o termo original, é esvaziada.

[65] O *experiencing*, segundo Gendlin (1961), tem seis características: 1) é um processo sentido; 2) ocorre no presente imediato; 3) é organísmico e pré-conceitual; 4) consiste em um referente direto; 5) é capaz de guiar a conceituação e 6) é implicitamente significativa.

"cega" e, assim, de nomear, de maneira clara, correta e nítida, o que estiver experienciando. Gendlin ensina:

"A experiência sem o conceito é cega,
o conceito sem a experiência é vazio"[66]

Ou seja, simbolizar o que experienciamos é fundamental, a simbolização guia e ilumina nossas melhores decisões e nossos melhores passos. Além disso, importante destacar, a experienciação que for significativa, psicológica ou emocionalmente, *precisa* ser simbolizada, pois esta é a condição para estarmos de posse de quem verdadeiramente somos, o que é um requisito e um critério de saúde mental. A simbolização, quando implementada de maneira livre, sem obstruções, nos propicia essa desejável saúde psicológica, traduzida no que é denominado como um "alto nível de congruência". Esse alto nível de congruência acontece quando:

"o que você sente/experiencia coincide com o que você pensa/simboliza,

o que você pensa/simboliza coincide com o que você fala/comunica,

o que você fala/comunica coincide com o que você faz,

o que você faz coincide com o que você é."[67]

6.3 *Felt Sense* — senso sentido

Felt Sense é uma dimensão fundamental do nosso experienciar, assim como o são os sentimentos, emoções, sensações, etc. Ele pode ser entendido como o que comumente chamamos de *intuição* e tem uma importância muito maior no nosso viver do que geralmente lhe atribuímos. Da mesma forma, sempre recebeu muito menos atenção, por parte da Psicologia e de outras áreas que cuidam da nossa saúde, do que realmente merece. É, portanto, alvissareiro e muito bem-vindo um trabalho que dedica estudos e pesquisas ao *felt sense*, como o desenvolvido por Gendlin, que assim a ele se refere:

---

[66] Gendlin (1997). Tradução livre do original: "Feeling without symbolization is blind; symbolization without feeling is empty".

[67] Adaptado pelo autor a partir de: CREMA, R. **Pedagogia Iniciática** — uma escola de liderança. Petrópolis: Vozes, 2010.

O Senso Sentido, que eu também chamo de *limite da consciência*, é o centro da personalidade. Ele surge entre a consciência comum da pessoa e o alcance profundo e universal da natureza humana, onde não somos mais nós mesmos. Está aberto ao que vem dessa dimensão universal, mas é sentido como um "eu real".

O Senso Sentido é sempre uma vivência única e nova. Sua *chegada* interna é sentida como um *eu* mais verdadeiro do que conhecidos sentimentos. (GENDLIN, 1984, p.81).

Uma pessoa sabe muito a respeito de si mesma e, ainda assim, este difuso Senso Sentido holístico "sabe" mais (GENDLIN, 1984, p.87).

[...] existe uma espécie de sensação corporal que influencia profundamente a vida de cada um e pode ajudar a atingir os objetivos pessoais. Deu-se tão pouca atenção a essa forma de percepção que não existem palavras prontas para descrevê-la, de modo que tive de criar um termo: *Felt Sense*. [...] Um *Felt Sense* não é uma experiência mental, mas sim uma experiência física. Física – uma percepção corporal de uma situação, de uma pessoa ou de um acontecimento. Uma aura interna que abarca tudo que você sente e sabe sobre determinado assunto em determinado momento – abarca-o e o transmite de uma só vez, e não detalhe por detalhe. [...] O *Felt Sense* não surge na forma de pensamentos ou palavras ou outras coisas separadas, mas sim na forma de uma sensação corporal única. (GENDLIN, 2006, p.14).

Uma tradução mais adequada e mais atual do termo, entre outras que ele já recebeu (como "significado sentido", "sensação sentida") é senso sentido:

O termo original usado por Gendlin em *Experiencing and the Creation of Meaning* (1962/1997) é *Felt Meaning* (Significado Sentido). Em publicações mais recentes [...] o termo empregado passa a ser *Felt Sense* (Senso Sentido). (MESSIAS; CURY, 2006, p.358).

Como dissemos, o *felt sense* é distinto de sentimentos, emoções e outras categorias que compõem o espectro da nossa experienciação.

Você consegue sentir o corpo vivo logo abaixo dos seus pensamentos, recordações e sentimentos familiares. A Focalização realiza-se num nível mais profundo que os sentimentos. (GENDLIN, 2006, p.51).

> Sentimentos passados, fatos, vivências, ideias, situações, ou seja, qualquer coisa que o cliente venha a referir como conteúdo tem pouca importância diante da Experienciação presente, imediata. (MESSIAS; CURY, 2006, p.357).

Colocamos, acima, que o *felt sense* pode ser entendido como uma *intuição* e poderíamos dizer, portanto, também, que o *senso sentido* é um *pressentimento*. Com a permissão para brincarmos um pouco com as palavras: podemos dizer que um pressentimento é um *pré-sentimento*, o que não estaria muito longe da verdadeira natureza do *felt sense*, eis que, como já foi comentado, ele é distinto do sentimento. Uma intuição é um *pressentimento*, e um exemplo muito conhecido de um *felt sense* é a "sensação" que se tem, ao se sair para uma viagem, de ter esquecido alguma coisa. O *felt sense* é aquela intuição que nos guia em incontáveis momentos de decisões cotidianas (das muito importantes às pouco importantes) que tomamos: o momento de atravessar uma rua; a escolha de ir a um lugar ou a outro; onde procurar algo que se perdeu, etc.

Podemos dizer que o *felt sense* é a sabedoria corporal adquirindo voz e falando conosco. Não por acaso tal expressão é destacada no subtítulo do já mencionado livro "Focalização": "Uma via de acesso à *sabedoria corporal*". Isso nos remete à filosofia subjacente às obras de Eugene Gendlin e de Carl Rogers. A Abordagem Centrada na Pessoa, deste último, e a Focalização e a Psicoterapia Experiencial (ou "Filosofia do Implícito"), abordagem criada pelo primeiro, se apoiam nos postulados da "tendência atualizante" e da "sabedoria organísmica" e tais expressões marcam e acentuam o fundamento Humanista de ambas.

> [...] esse processo de simbolização [...] se move através de passos, possui sua própria direção de crescimento. Entendo que essa seja uma evidência da herança centrada na pessoa mantida implícita em sua [Rogers] obra, ou seja, uma ontologia que está sustentada na crença de uma sabedoria organísmica básica. Refiro-me à tendência atualizante. Qualquer coisa pertencente à Abordagem Centrada na Pessoa ou à Filosofia do Implícito só pode fazer sentido se houver a convicção de que o ser humano é dotado dessa sabedoria organísmica. (MESSIAS, 2007, p.52).

Com o pedido de permissão para brincar uma vez mais com as palavras:

O felt sense

é o senso sentido,

é o sexto sentido[68].

O felt sense

não é o sentimento,

é anterior a ele,

o felt sense é pré-sentimento,

é pressentimento.

6.4 Focalização e conteúdos

A Focalização, como foi dito, é o processo através do qual você se centra sobre o que estiver fluindo nos seus sentimentos, sensações, intuições, emoções, *felts senses*, etc., ou seja, no que você estiver vivenciando em termos experienciais em um dado momento e, ato contínuo, simboliza, toma consciência dessa experienciação.

Além da experienciação e da simbolização, outro conceito fundamental e decisivo para a prática bem-sucedida da Focalização é o de *conteúdo*. Ele se aplica à experienciação já simbolizada: aquele sentimento, sensação física, emoção, intuição, etc., que, ao emergir no momento do focalizar, já tiver recebido de você a nomeação, aos quais você já tiver aposto uma palavra, já tiver se apropriado ao nível simbólico. Pois tal sentimento (ou emoção, intuição, etc.), no instante em que você o simbolizou, já terá se tornado passado, já não mais contemplará duas características significativas da experienciação (a segunda e a terceira, mencionadas no rodapé nº 68): não estará ocorrendo no presente imediato (o sentimento já passou) e não será pré-conceitual (já terá sido simbolizado). Terá se tornado, portanto, o que é designado como *conteúdo*. Em outras palavras, aquela experienciação é uma *Gestalt* já fechada – você já se encontra em outro momento existencial, no qual há uma nova experienciação que, por certo, ainda é desconhecida por você, tanto no que diz respeito à vivência, quanto no que se refere à simbolização. Segue o extrato de um artigo que aponta e procura

---

[68] Os cinco sentidos são a visão, a audição, o olfato, o tato e o paladar.

esclarecer o "foco" da Focalização, ou seja, aquilo em que ela procura se centrar.

Pode-se afirmar que a valorização dos sentimentos e emoções em variados contextos seja uma das características mais marcantes da Psicologia Humanista em suas abordagens. No contexto específico da psicoterapia, tal perspectiva significa priorizar a pessoa autodirecionada – que busca significar sua experiência no aqui-e-agora da relação terapêutica – em lugar de um diagnóstico ou de formulações intelectualizadas. Esta concepção é amplamente discutida, tanto no meio científico, quanto nas formações específicas pertinentes a cada escola humanista.

A concepção experiencial [...], entretanto, fundamenta-se em uma perspectiva distinta a respeito desse tema: as emoções e sentimentos não são, em si, o elemento mais importante. O foco deve ser dirigido ao processo do qual as emoções e sentimentos derivam, ou seja, emoções e sentimentos são produtos, tanto quanto o são pensamentos, ideias, valores, crenças, etc. Tal processo é a experienciação, base conceitual da Psicoterapia Experiencial, desenvolvida por Eugene Gendlin.

A inscrição do fluxo experiencial na consciência humana se dá através daquilo que muitas pessoas chamariam de "intuição". Para Gendlin [...], essa sensação corporal dotada de potencial de significado é o "Senso Sentido" (Felt Sense [...]. O Senso Sentido é fundamental para que o processo experiencial se mantenha em movimento, pois ele funciona como uma espécie de mediador entre a própria experienciação (pré-conceitual) e os símbolos (conceitos). Para Gendlin [...], a mudança terapêutica ocorre, de maneira mais intensa, quando uma pessoa é capaz de acessar seu Senso Sentido e desdobrar significados e símbolos a partir dele.

Chamamos a atenção para um detalhe conceitual: Senso Sentido não é o mesmo que emoção, como ensina Gendlin [...], ainda que ambos sejam processos corporalmente sentidos. As emoções são mais específicas, claramente reconhecíveis, universais. Por isso, são mais facilmente apreendidas. O Senso Sentido, por sua vez, é amplo, envolve uma multiplicidade de aspectos individuais (história, valores pessoais, crenças) e por essa razão é vivido de maneira única e pessoal. Tais características o tornam mais difícil de nomear.

Observar essa distinção é muito importante para o sucesso do processo terapêutico. O terapeuta, ao olhar apenas para o que já é reconhecido, nomeado (por exemplo, uma emoção específica), perderá a chance de caminhar na direção daquilo que ainda está em nível pré-simbólico ou pré-verbal, algo ainda impreciso, mas já corporalmente sentido e que, se apreendido, tende a ampliar a experiência do sujeito. Se focar apenas o explícito, corre o risco de ficar bloqueado por seguir para aquilo que Gendlin [...] chama de rua sem saída, ou seja, quando a atenção do terapeuta e cliente é dirigida a **conteúdos**[69] já simbolizados, racionais ou emocionais e, portanto, sem novidade. Se, ao contrário disso, o terapeuta for capaz de prestar atenção à experienciação e nomeá-la, guiando-se pelo Senso Sentido, pode resultar em algo novo.

O ponto crucial para se conseguir o movimento experiencial, ou seja, o avanço na psicoterapia, portanto, é focar a atenção na maneira de experienciar, ou seja, na forma e qualidade do contato que uma pessoa tem com a sua própria experienciação e como ela a simboliza. Em outras palavras, lançar a atenção sobre o funcionamento próprio do processo experiencial. (Messias; Bilbao; Parreira, 2013, p. 170-172).

Transcrevo passagem de um artigo que procura clarificar a referida diferença entre *experiencing* e conteúdo, seguida de um extrato de sessão psicoterápica que demonstra tal distinção na prática.

Duas dimensões podem ser destacadas na expressão ou comunicação do cliente na sua relação com o terapeuta: o conteúdo sobre o qual ele está falando – o nível do discurso – e a experiência que concreta e visceralmente está vivendo enquanto fala. Atentar para o discurso da pessoa, para o conteúdo do que ela está dizendo não tem o mesmo valor terapêutico que focar a experiência imediata que está ela a viver. É a esse experienciar – ainda silencioso, que ainda não se tornou palavra, eis que é pré-simbólico – que Gendlin nos ensina a focalizar, ajudando-nos a apurar, a aguçar, a refinar o foco da nossa compreensão empática.

Esse refinamento representa um ganho enorme para o nosso trabalho de facilitar a simbolização por parte do cliente. Pois importa

---

[69] Destaque meu.

saber que nós não experienciamos conteúdos: o cliente vivencia o experienciar ou o processo da experienciação, ele não experiencia o conteúdo do seu discurso. Ele experiencia "experiências", ou seja, sensações, sentimentos, desejos, emoções, etc. É para esse experienciar, que se dá somente – e sempre – no aqui-e-agora, que deve ser dirigida a escuta do terapeuta. É nesse processo, nesse *sendo* do cliente, que deve ser focalizada a intervenção do terapeuta.

Temos que focar o "como" (*como* ele está se referindo àquele conteúdo): focar na sua experienciação ao mencionar aquele problema e, não, no "que" (na questão que ele está trabalhando) e, menos ainda, no "porquê" do problema que ele está abordando. O "que" e o "porquê" se referem a conteúdos, e se o cliente está falando sobre um problema, sobre uma dificuldade, e respondemos nesse mesmo nível, não o ajudamos a focalizar o seu processo experiencial, a aproximar-se da sua experiência, a apropriar-se, a nível simbólico, do seu experienciar.

E o cliente quase sempre está falando "sobre", "a respeito de", quase sempre está ele falando sobre conteúdos. Só muito raramente – apenas quando vive em altos níveis de experienciação –, está ele em contato com o seu próprio processo experiencial, com o que está experienciando enquanto fala. A compreensão empática é tão mais rica quanto mais focaliza e apreende esse experienciar. A atenção do terapeuta ao processo de experienciação é que lhe permitirá perceber e apreender o *felt sense* (GENDLIN, 2006), o senso sentido que o cliente poderá estar a experienciar, e do qual não se dá conta. Para facilitar a aproximação e simbolização desse senso sentido, Gendlin (2006) criou o processo de Focalização.

O psicoterapeuta deve dominar a compreensão de que, no momento em que o cliente se refere a algo do passado ou do futuro, não está ele vivendo lá-então, na dimensão daquele passado ou daquele futuro, mas está experienciando, aqui-e-agora, sentimentos, sensos sentidos, emoções, etc., relativas às suas lembranças, marcas e memórias ou aos seus desejos, expectativas e projetos. É mister que a intervenção do terapeuta possibilite ao cliente atentar para o *felt sense*, ou seja, focalizar a experiência que está a viver no momento imediato, relativa ao seu passado ou ao seu futuro, o que poderá lhe permitir acessar o significado da referida lembrança ou do referido projeto e apreender o significado implícito do mesmo.

Dessa forma, esses dois momentos ou dimensões do trabalho ou do fazer do terapeuta – a escuta e intervenção empáticas –, devem ser dirigidas:

- à pessoa e não ao problema
- ao processo e não ao resultado
- à experiência e não aos conteúdos. (PARREIRA, 2014).

Segue o extrato de uma sessão psicoterápica (com um adolescente) que exemplifica a distinção entre foco na experienciação e no conteúdo.

C 01: Sabe, olha aqui, eu sempre estou de roupa de frio, está vendo? No trabalho, na escola, na rua, eu sempre estou de roupa de frio para as pessoas não verem isso, vou lhe mostrar: esses cortes. Eu estou sempre preocupado em tampar isso.

T 01: Você não quer que as pessoas vejam esses cortes...

C 02: É, eu fico com vergonha, sabe?

T 02: Sim, você se sentiria envergonhado caso as pessoas os vissem... mas você fala isso, assim me parece, também com um sentimento de raiva, o seu tom de voz e sua expressão parecem de irritação...[70]

C 03: Sim, é isso mesmo, eu fico com raiva mesmo, sabe? Pô! Por que eu tenho que esconder? As pessoas não têm nada com isso, eu posso fazer comigo o que eu quiser, o corpo é meu...

T 03: Você quer ter a liberdade de fazer com você o que quiser, sem precisar se preocupar com o que as pessoas possam pensar...

C 04: É claro, elas não têm nada a ver comigo. Inclusive o pessoal lá de casa, eles ficam me vigiando...

T 04: ... Essa atitude que você vê neles o incomoda... e percebo que sua raiva cresce quando você fala que sua família, como você diz, o vigia.[71]

---

[70] Há pelo menos dois elementos nas falas dos clientes:
— o nível do discurso, que é o conteúdo (é aquilo que ele já sabe, que já está simbolizado);
— o nível da experienciação (aquilo que ele *sente* enquanto está falando e que ainda não simbolizou, aquilo de que ele ainda não se apropriou a nível simbólico).
Na intervenção T 02, o terapeuta se refere ao nível da experienciação e, não, do conteúdo — o que a qualifica como uma "resposta *experiencial*".

[71] Novamente, a intervenção T 04 se refere à experienciação, não, ao conteúdo: resposta *experiencial*.

C 05: Nossa! Eu fico com ódio, com ódio deles...

T 05: Junto com o ódio vem também, parece, uma tristeza, seus olhos estão marejados...[72]

(Choro, silêncio prolongado)

C 06: (silêncio) ... ... É ... por que que eu tenho que me cortar???!!! Eu não quero isso!!!

A compreensão clara da diferença entre *experiencing* e *conteúdo* é, portanto, decisiva para que a Focalização e a psicoterapia se processem com êxito e propiciem os benefícios que têm a nos oferecer.

6.5 A experienciação só ocorre no presente imediato

Comentemos um pouco mais a característica da experienciação que abordamos há pouco, o fato de ela ocorrer no presente imediato. O *experiencing* é o que você vivencia no momento presente, é o que está em *curso* no seu *ser*, fluindo no seu existir *aqui e agora*. Você não é o que já viveu, aquilo que já aconteceu. O que você já viveu tornou-se história e memória e é, portanto, *conteúdo*. E, de outro lado, você também não é o seu futuro, o que ainda não veio, porque, é óbvio, você ainda não viveu o que ainda não chegou.

Da mesma forma, o futuro não é *experiencing*, pois ainda não é *vivido* e, portanto, experiencialmente, não existe (existe somente enquanto imaginação). Eu posso *pensar* em algo que gostaria (ou que não gostaria) de viver em um momento futuro, mas esse pensar acontece somente no aqui e agora. Da mesma forma em relação ao passado: quando penso em algo que gostei (ou que não gostei) de ter vivido, só posso pensar isso no momento presente. Novos significados, tanto com relação ao já vivido quanto ao ainda não vivido (por exemplo, um temor com relação ao futuro, uma ansiedade com respeito a um projeto, etc.) só podem acontecer no instante imediato. Nós só vivemos *aqui e agora*. Você não está *lá*, no passado, e não está *lá*, no futuro: você está sempre *aqui*, no presente, embora não seja nada fácil, para ninguém, dar-se conta disso (especialmente o tempo todo, em cada *aqui e agora*).

---

[72] T 05 — igualmente: intervenção ou resposta *experiencial*.

E, atenção, isso não significa apenas que você nunca viveu a experiência que está vivenciando neste exato momento, é mais do que isso: você nunca viveu tal experiência porque *este* preciso e exato instante nunca aconteceu antes...e nunca acontecerá novamente. Este momento, com tudo o que contém, somente pode acontecer no instante presente, vale dizer, você só pode *ser,* sempre, aqui e agora.

Focalizar é viver essa presentificação da experiência e requer que o terapeuta esteja, ele mesmo, vivendo no aqui-e-agora. É lançar a luz da palavra sobre a experienciação nascente, que nunca aconteceu antes: uma palavra que a nomeie, que a designe corretamente. Sua saúde psicológica reside na sua capacidade (e liberdade) de simbolizar corretamente o que experiencia. Observe bem: se você estiver "focalizando" em um sentimento que já nomeou, em uma sensação, desejo, emoção, intuição, etc., que já estejam simbolizadas, você *não* estará focalizando, estará apenas em contato com *conteúdos*, já conhecidos por você.

Porque eu disse, acima, *liberdade*? Porque, de fato, não temos facilidade de simbolizar certas experienciações, nós não estamos livres para simbolizar *tudo* o que vivenciamos. Em especial, aqueles sentimentos, sensações, desejos, emoções, etc., em relação aos quais fazemos um julgamento negativo, uma crítica ou censura e que, portanto, não *aceitamos* ou não *admitimos* estar vivenciando. Quando isso acontece, quando a simbolização não ocorre, estaremos criando o que entendemos como um problema psicológico ou uma incongruência: o impedimento para a simbolização de uma experienciação significativa. Barrar a ascensão de um sentimento, desejo ou emoção à simbolização nos causará problemas:

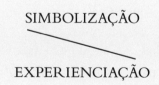

SIMBOLIZAÇÃO

EXPERIENCIAÇÃO

É claro que esse não simbolizar — na realidade, uma defesa psicológica que estaremos criando — não funcionará, no que diz respeito à nossa saúde psicológica[73], mas nos protegerá, temporariamente, de nos defrontarmos com uma experienciação cujo significado é ameaçador à

---

[73] Pois poderá resultar em um desconforto, um mal-estar, angústia, em somatizações, etc.

nossa autoestima. A Focalização poderá nos restituir a liberdade necessária para acolhermos aquela experienciação ao nível simbólico e nos livrar dos possíveis problemas psicológicos que a não aceitação – e consequente ausência de simbolização — poderia nos acarretar.

Não construa diques

O problema psicológico é
 o nosso impedimento para a simbolização,
 a obstrução ao surgimento da palavra,
 a sua condenação ao silêncio,
  o aprisionamento,
  a mordaça
  ou o aborto
   do verbo,
  o silenciamento da palavra nascente.

O problema psicológico é
 a falta de liberdade
  de *escutar-se,*
  de *ouvir-se,*
  de pôr em marcha o processo experiencial.

Ou melhor, o problema é
 o *atrapalhar* a própria marcha do processo experiencial,
 pois que não "colocamos"
  o processo experiencial em marcha,
   em ação,
   em movimento:
    ele *já* está em ação,
    ele *já é* movimento.

A única coisa que podemos fazer, na verdade,
 é *atrapalhar,*
  interferir,
  inter/ferir,
   ferir esse processo,
    obstruir esse movimento.
A única coisa que podemos fazer é erguer represas.

Assim,
     não faça diques,
     não erga represas,
     não construa prisões dentro de si,
     não obstrua o seu processo de *ser*...
       Deixe-se fluir,
       deixe-se *ser*...
         Você é puro movimento...
         seja esse fluir,
         seja esse movimento.

Ou, se fizer diques e represas,
     saiba, tome consciência,
       simbolize o seu *movimento* de represar.

O "problema" psicológico *passa*
quando as águas voltam a passar,
     quando o rio do experienciar
     novamente deságua no simbolizar
     ... deixemos esse rio fluir.

A única coisa que não podemos fazer
     é estancar o que é o movimento em nós,
       o que é o fluir em nós,
       o que é o *Ser* em nós,
     não podemos estancar...
            o *Ser* em nós.

Nós somos pura liberdade...
     liberdade até para fazer isso...
     ... para destruir/negar a nossa liberdade".[74]

6.6 Focalização, experienciação, simbolização

Falamos sobre a simbolização correta, clara e nítida da experien-ciação, ou seja, sobre a congruência, como um critério para o que é

---

[74] PARREIRA, W. A. **Poesias e excertos místicos**. No prelo.

comumente denominado de saúde mental. A "Escala de Experienciação", criada a partir da mencionada pesquisa realizada por Rogers, Gendlin e equipe, é um instrumento fundamental para uma nova forma de avaliação psicológica, a avaliação experiencial:

> A capacidade de uma pessoa para simbolizar sua vivência (ou seja, seu grau de congruência) pode ser avaliada através da Escala de Experienciação, que torna possível uma avaliação do estado psicológico não mais em termos de categorias diagnósticas (como as do DSM IV ou da CID 10), mas sim do modo de experienciar peculiar a cada pessoa.(MESSIAS; CURY, 2006).

> Na Psicoterapia Experiencial, criada por Gendlin, 'bom ou mau funcionamento psicológico', assim como a 'saúde ou doença mental' partem do parâmetro do 'fluir ou não fluir do processo experiencial'. Esse autor também o denomina de 'modo experiencial ou existencial de ser', o que significa, em outras palavras, uma sempre presente e crescente abertura para o contato da pessoa com o seu processo experiencial. [...] Merece especial foco, para fins desse artigo, a escala de experienciação de Gendlin que, poderíamos dizer, foi a sistematização primeira dos níveis de experienciação (MESSIAS; BILBAO; PARREIRA, 2013, p.169-170).

A proximidade em relação à experienciação é requisito para a saúde mental, mas é importante considerarmos, também, que nem todas as experienciações são simbolizáveis: não há como *não experienciar* (a experienciação é um fluxo que acontecerá sempre e a todo instante, enquanto estivermos vivos), porém há como *não simbolizar* o que se experiencia, conforme acabamos de comentar. Um belo aforismo de Gendlin se refere ao dado de que nem todas as experienciações são simbolizáveis:

> *"A experiência é de uma riqueza incalculável:*
> *pensamos mais do que podemos dizer,*
> *sentimos mais do que podemos pensar,*
> *vivemos mais do que podemos sentir*
> *...e ainda há muito mais."*

"Pensamos mais do que podemos dizer": a velocidade do pensamento é muito superior à nossa capacidade de verbalizar o que pensamos.

"*Sentimos mais do que podemos pensar*": a incrível rapidez do nosso pensar não significa que sejamos capazes de apreender tudo o que sentimos. E há que se considerar que não deixamos de simbolizar somente aquilo que censuramos, que não aceitamos experienciar: não simbolizamos, também, aquelas experiências mais sutis, mais sensíveis, para as quais o nosso idioma não criou uma expressão linguística, uma representação simbólica, uma palavra. As experienciações no campo da espiritualidade, na esfera do amor e da paixão, da apreciação estética e da beleza são exemplos de sentimentos e sensações para os quais não temos, muitas vezes, palavras que nos possibilitem representá-las simbolicamente e comunicá-las. A poesia, a música, a pintura, a escultura, o teatro e outras expressões artísticas nos socorrem aqui: são formas de simbolização para experienciações que não encontram expressão em palavras. Para concluir os comentários sobre o aforismo acima – "*vivemos mais do que podemos sentir... e ainda há muito mais*" –: os sentimentos, é claro, não esgotam o nosso repertório experiencial, ele é muitíssimo mais amplo, nem tudo o que vivemos são sentimentos...

Do que foi dito, podemos depreender que há várias formas de simbolização: quando ela acontece pela via da palavra, através de um conceito, é denominada "conceptualização". Outras modalidades de simbolização são as imagens, os sonhos, a arte, as somatizações, etc.

6.7 Instruções para Focalização — uma adaptação

Trazemos, aqui, dois trabalhos sobre as "Instruções para Focalização", originalmente formuladas por Eugene T. Gendlin e publicadas em 1969 (GENDLIN, 1969).

O primeiro deles é de autoria do professor Wolber de Alvarenga, um dos pioneiros da Psicologia e da Psicoterapia Humanista em Minas Gerais e no Brasil. Wolber formou gerações de psicólogos, com sua atuação como professor de Psicologia da Faculdade de Filosofia e Ciências Humanas da Universidade Federal de Minas Gerais e como psicoterapeuta. Autor e tradutor de inúmeros textos acadêmicos, foi responsável pela apresentação ao Brasil de psicólogos de grande relevância no cenário internacional (entre eles, Eugene T. Gendlin, criador da Focalização). Em 1970, Wolber traduziu e distribuiu para seus alunos, entre os quais eu me incluía, uma síntese das "Instruções para Focalização", abaixo transcrita.

O segundo trabalho é uma adaptação das "Instruções para Focalização", uma consolidação de diversas formulações das instruções, organizada por mim durante a primeira década de 2000. Tem, como base, as instruções originais de Eugene Gendlin, a síntese de Wolber de Alvarenga e as orientações presentes no livro *Focalização – uma via de acesso à sabedoria corporal*, publicado no Brasil em 2006 (GENDLIN, 2006).

6.7.1 — Tradução e síntese das "Instruções para Focalização", por Wolber de Alvarenga, tendo como base as instruções originais para Focalização, de Eugene T. Gendlin

1 — Este método envolve uma inversão completa. Antes de tudo, deixar de falar sobre o que ocorre dentro de você. Geralmente, a gente pensa "de fora" sobre a gente e, neste método, é ao contrário, é "de dentro" para fora.

2 — Compreensão de que as palavras "vêm de um sentimento". Elas vêm de qualquer jeito e não podem ser interceptadas.

3 — É possível sentir o problema como um todo e deixar o que é importante vir do que é corporalmente sentido, sem sua interferência.

Instruções

Nós estamos fazendo isso para aproximar você de você mesmo. O que eu lhe perguntar você não responde, fica em silêncio, com você.

Tente relaxar um pouco (5 segundos).

Agora, você, dentro de você. Eu gostaria que você prestasse atenção numa parte muito especial de você... Preste atenção numa parte onde você geralmente se entristece com ela, sente satisfeito ou amedrontado (5 segundos).

Preste atenção nesta área em você e veja como você está agora.

Veja o que vem a você quando você se pergunta: Como eu estou agora?

Deixe isto vir, de qualquer maneira isso vem a você – e veja como isto é (30 segundos ou menos).

Se entre as coisas que você pensou havia um problema pessoal maior que você sente importante, continue com ele. Caso contrário selecione um problema pessoal significativo para pensar nele. Esteja certo de que escolheu um problema pessoal de real importância em sua vida. Escolha as coisas que pareçam mais significativas para você (10 segundos).

1 — Certamente existem muitos aspectos na coisa que você está pensando — tanto que é difícil pensar em cada um sozinho. Mas você pode sentir todas essas coisas juntas. Preste atenção onde você usualmente sente as coisas e aí você pode obter um sentido para o problema global. Deixe você sentir tudo isso (30 segundos ou menos).

2 — À medida que você presta atenção no sentimento global, você pode descobrir que um sentimento especial surge. Deixe você prestar atenção naquele sentimento (1 minuto).

3 — Siga este sentimento — não o deixe ser palavras ou imagens — espere e deixe as palavras ou imagens virem do sentimento (1 minuto).

4 — Se este sentimento mudar, ou mover, deixe-o fazer isso. Se isso acontecer, siga o sentimento e preste atenção nele (1 minuto).

5 — Agora, tome o que é recente e novo no que sentiu... e que veio mais facilmente.

Tente encontrar algumas palavras ou imagens para representar este sentimento presente, exatamente como você o sentiu. Não é necessário que seja uma coisa que você não conhecia antes. Novas palavras são melhores, mas as velhas podem também servir muito bem. Desta forma você encontra palavras ou imagens, para dizer o que é recente ou novo para você agora (1 minuto).

6 — Se as palavras ou imagens que você tem agora produzirem alguma diferença nova, veja o que ela é. Deixe as palavras ou imagens mudarem até que elas se ajustem exatamente ao sentimento (1 minuto).

Agora eu lhe darei algum tempo para você usar da maneira que desejar. Depois, nós paramos (GENDLIN, 1969, p.4-15).

6.7.2 Adaptação das "Instruções para Focalização"[75], por Walter Andrade Parreira

Comentários para iniciar a Focalização

1. Este método envolve uma inversão completa em relação à maneira habitual de as pessoas se relacionarem consigo mesmas. Antes de tudo, deixar de *falar sobre* o que ocorre dentro de nós. Geralmente, pensamos "*de fora para dentro*" em relação às nossas questões pessoais, do pensamento para o sentimento e, neste procedimento, fazemos o contrário, deixamos vir as questões "de dentro para fora", escutamos o corpo, não a mente; o sentir, não o pensar. As palavras "vêm de um sentimento": a proposta, aqui, é ouvir o sentimento e as palavras que dele emergem, ao invés de impor palavras ao sentimento.

2. Uma situação que pode exemplificar a inversão referida: diante de uma prova, de um teste, de uma circunstância que gere ansiedade, o mais comum é tentarmos controlar esse sentimento, através de comandos ou de mensagens vindos da mente para o corpo. Neste procedimento, fazemos o contrário: entramos em contato com a ansiedade no *corpo*, *escutamos* a ansiedade, interagimos e lidamos com ela de uma forma que não significa *controlá-la*, senão uma possibilidade de compreender o seu significado, o que proporciona um efeito transformador e libertador.

3. Ao tentar se escutar mais profundamente e mais sensivelmente, é muito provável que venham a você pensamentos, incômodos e sentimentos que você já conhece. O que você já conhece, nós chamamos de *conteúdos*, por diferença àquilo que você está tentando alcançar: uma *sensação sentida* sobre a questão que escolher para trabalhar. É possível *sentir* um problema como um *todo* e

---

[75] Essas "Instruções" são longas e detalhadas. Apresento-as, aqui, não como sugestão para que sejam ministradas ao se conduzir uma Focalização, mas, sim, como forma de tornar o sentido de cada uma delas o mais claro possível. Trata-se, como disse, de uma adaptação e consolidação de várias formulações das "Instruções" e, na condução de uma Focalização, você poderá selecionar aquelas passagens que lhe parecerem mais importantes ou pertinentes, deixando de lado as demais.

deixar que essa *sensação* venha do que é corporalmente *sentido*, sem interferência de pensamentos, da razão, do intelecto: essa é a *sensação sentida* ou o *"senso sentido"*.

Instruções

Nós estamos fazendo isso para aproximar você de você mesmo. O que eu lhe perguntar, você não responde para mim, responda apenas para você. Permaneça em silêncio, fique com você.

Procure uma posição confortável para o seu corpo e tente se relaxar, não profundamente[76] (10 segundos[77]).

Agora, você, dentro de você: eu gostaria que prestasse atenção numa parte de você que é muito especial... aquela região ou área do seu corpo onde você geralmente experiencia/sente os seus sentimentos. Em algumas pessoas, essa região é o peito, em outras são os ombros, o plexo solar...

Tente identificar onde é esse lugar no seu corpo... procure-o, tente encontrá-lo... (30 segundos).

Aproxime-se desse lugar, preste atenção nesta área em você e veja como você está. Veja o que lhe vem quando pergunta a si mesmo: "Como vai a minha vida? "Como eu estou agora?", "Como eu me sinto agora?", "Qual a coisa mais importante para mim atualmente?". Outras boas perguntas: "O que me impede de estar perfeitamente bem neste momento?" O que, se não estivesse acontecendo, me possibilitaria estar me sentindo completamente bem neste momento?"

Deixe vir o que vier, deixe que a resposta venha da maneira que vier a você: sob a forma de uma palavra, de uma impressão, de uma sensação, de uma imagem... Talvez não venha apenas uma única resposta, podem vir vários sentimentos, problemas, incômodos, etc. Deixe que isso aconteça, acolha o que surgir. Mas deixe passar o que você sentir como não importante, até que uma questão mais significativa surja. Se aparecerem várias questões significativas, você pode "anotá-las" ou "registrá-las" – mas apenas as que forem realmente significativas, deixe as outras passarem (30 segundos).

---

[76] Instruções para um relaxamento superficial podem ser dadas aqui.

[77] Os intervalos entre uma instrução e outra não são de duração rigidamente definidos, são flexíveis e devem ser decididos de acordo com a sensibilidade e bom senso da pessoa que conduz a Focalização.

Atenção, porém: não "entre para dentro" de nenhuma das questões agora, não se detenha em nenhuma delas, apenas se dê conta de que elas estão aí. Neste momento, você não vai se envolver, interagir ou dialogar com nenhuma delas.

O objetivo, aqui, é "abrir um espaço" para, a seguir, poder trabalhar a questão que escolher como a mais significativa. Para isso, crie tal espaço entre você e as questões, estabeleça uma distância que lhe permita apenas ver os sentimentos ou problemas que surgiram. Eles continuarão presentes, acessíveis a você, mas você ainda não "mergulhará" neles. Coloque-os de lado, guarde-os em uma caixa ou em uma estante próxima de você (30 segundos).

Você vai, agora, perguntar para o seu corpo: "que *sensação sentida* ou impressão me traz essa questão ou esse problema?"

Certamente existem muitos aspectos envolvidos nela, partes demais, para que você pense em cada uma separadamente. Lembre-se: o seu corpo forma um sentimento global sobre o problema que for significativo para você -- é, portanto, possível *sentir* esse problema como um *todo*. Procure deixar que emerja do seu corpo essa sensação.

Saiba que esse *senso sentido* não é um pensamento nem propriamente um sentimento, é uma sensação sutil, vaga, imprecisa, difusa, não clara, pouco nítida e que parece, inclusive, algo sem importância – provavelmente você até o desprezaria ou não lhe daria importância se não estivesse, agora, em busca dele. Escute o seu *corpo* (60 segundos).

É possível que lhe venham pensamentos ou preocupações relativos ao cotidiano, sentimentos corriqueiros, etc. — são distrações em relação ao que estamos procurando acessar. Caso apareçam, não se envolva com eles. Mantenha aquela mesma distância. Algumas analogias ou imagens nos ajudam aqui: quando você assiste a um filme com legendas, você apenas observa as palavras passarem, não se apega a elas; quando em uma viagem, você apenas observa os letreiros das placas às margens da estrada passarem; quando você caminha em uma calçada e uma bicicleta vem em sua direção, você apenas se afasta para que ela passe. Aja assim com relação aos pensamentos, preocupações e sentimentos corriqueiros que surgirem – são *conteúdos*, são o que devemos evitar.

Por outro lado, também não lute contra eles: apenas os observe, os veja e os deixe ir, os deixe passar.

Se algum sentimento, sensação, preocupação (ou seja o que for), insistir em permanecer:

- Encontre um nome ou imagem que corresponda a ele, que o represente;
- Escreva (imaginariamente, é claro) esse nome ou imagem em uma etiqueta;
- Cole essa etiqueta em um pote;
- Ponha o pote naquela estante que você já utilizou antes.

Dessa forma, você não precisa temer esquecer-se dele, e poderá retornar a ele mais tarde – bastará retirá-lo da estante.

Se surgirem outras preocupações, pensamentos, incômodos, etc., que insistam em permanecer, faça o mesmo, repita o procedimento e os coloque na estante.

Dê a você o tempo que necessitar para encontrar o senso sentido, não se apresse (60 segundos).

Encontrou-o? Então, fique com ele, permaneça com ele, apenas o observe: não pense sobre ele, não o "analise", não decida nada a respeito dele, continue apenas em contato com ele (30 segundos).

Procure, agora, uma palavra, imagem ou algo que possa expressar essa *sensação sentida global*. Sem pressa, com calma. Cuide para não *impor* palavra ou imagem a ela — deixe que venha dela a sua própria forma de expressão, uma possível palavra, frase ou imagem. Ela falará por si (60 segundos).

Se estiver com a palavra ou imagem, verifique se ela expressa bem o senso sentido. Deixe as palavras ou imagens mudarem até que alguma se encaixe e o expresse bem. Lembre-se que as palavras e imagens mais significativas vêm da *sensação sentida*.

Agora, tome o que é recente, novo ou mais significativo no que você experienciou e conversaremos a respeito.

Referências

CREMA, R. **Pedagogia Iniciática** – uma escola de liderança. Petrópolis: Vozes, 2010.

GENDLIN, E. T. **Experience and the creation of meaning a philosophical and psychological approach to the subjective.** Evanston: University Press, 1997.

GENDLIN, E. T. Experienciação: uma variável no processo de mudança terapêutica. **American Journal of Psychotherapy,** v. 15, p. 233-245, 1961.

_____. Focusing. **Psychotherapy: Theory, Research & Practice,** v. 6, n. 1, p. 4–15, 1969.

_____. The client's client: the edge of awareness. In LEVANT, R.F., SHLIEN, J. M. (Orgs.). **Client-centered therapy and the person-centered approach.** New directions in theory, research and practice. New York: Praeger, 1984.

_____. **Focalização** – uma via de acesso à sabedoria corporal. São Paulo: Gaia, 2006.

MESSIAS, J. C. C. **O plural em foco:** um estudo sobre a experienciação grupal. Tese (Doutorado em Psicologia) – Pontifícia Universidade Católica de Campinas, Campinas, 2007. Disponível em: <http://tede.bibliotecadigital.puc-campinas.edu.br: 8080/jspui/handle/tede/393>. Acesso em: 24 nov. 2020.

_____. **Psicoterapia Centrada na Pessoa** — e o impacto do conceito de Experienciação. São Paulo: Novas Edições Acadêmicas, 2015.

MESSIAS, J. C. C.; CURY, V. E. Psicoterapia centrada na pessoa e o impacto do conceito de experienciação. **Psicol. Reflex. Crit.,** Porto Alegre, v.19, n.3, p. 355-361, 2006. Disponível em: <https://www.scielo.br/scielo.php?script=sci_ abstract&pid=S0102-79722006000300003& lng=en&nrm=iso&tlng=pt>. Acesso em: 24 nov. 2020.

MESSIAS, J. C. C; BILBAO, G. G. L.; PARREIRA, W. A. Psicoterapia Experiencial e emoções: avaliação e intervenção. In: BARTHOLOMEU, D. et al. (Orgs.). **Atualização em avaliação e tratamento das emoções.** São Paulo: Vetor, 2013.

PARREIRA, W. A. Concepções de subjetividade em Rogers, Freud e Gendlin: psicoterapia humanista fenomenológico–existencial e sabedoria oriental. **Revista Sul Americana de Psicologia,** v. 2, n. 2, 2014. Disponível em: <http://ediciones.ucsh.cl/ojs/index.php/RSAP/article/view/1747>. Acesso em: 24 nov. 2020.

_____. **Poesias e excertos místicos.** No prelo.

ROGERS, C. R; GENDLIN, E. et al. **The therapeutic relationship and it's impact:** a study of psychotherapy with schizophrenics. University Press, Wisconsin, 1967.

Os autores

Organizadores

Walter Andrade Parreira

Psicólogo (UFMG), Psicoterapeuta e Facilitador de Grupos. Especialista em Psicologia Clínica (CFP). Pós-graduado em Psicoterapias Contemporâneas (UFMG) e Metodologia do Ensino Superior (Universidade FUMEC); Ex Professor da UFMG, PUC-Minas, Universidade FUMEC, Centro Universitário Newton Paiva e Instituto Humanista de Psicoterapia. Coordena o curso de Pós-Graduação em Fenomenologia, Psicopatologia e Saúde Mental da Faculdade de Ciências Médicas de Minas Gerais e ministra aulas no mesmo. Coordena o curso de Pós-graduação em Psicoterapia Humanista/Existencial do Centro Universitário de Belo Horizonte (UniBH) e ministra aulas no mesmo. Organizador, ministrador e palestrante em Retiros/*Satsangs*. Professor/instrutor de Focalização e Meditação. Autor de textos científicos, publicados em revistas acadêmicas e apresentados em congressos no Brasil e no exterior. Escritor, autor de vários livros e de textos literários, publicados em coletâneas de poesias e de crônicas premiadas. walterparreira@gmail.com

Eunice Moreira Fernandes Miranda

Psicóloga. Especialista em Educação – Centro de Estudos e Pesquisas de Minas Gerais (CEPEMG) e em Psicologia Hospitalar (CFP). Professora do curso de Especialização em Psicologia Hospitalar da Faculdade da Santa Casa de Belo Horizonte e Curso de Especialização em Psicologia da Saúde e Hospitalar da Associação de Combate ao Câncer em Goiás/PUCGO. Ministra aulas no curso de Fenomenologia, Psicopatologia e Saúde Mental ofertado pela Pós-Graduação Ciências Médicas de Minas Gerais e no curso de Pós-graduação em Psicoterapia Humanista Fenomenológico Existencial do Centro Universitário de Belo Horizonte (UniBH). Professora de Cursos de Formação de psicoterapeutas do Instituto Humanista de Psicoterapia (IHP) e do Centro de Psicologia Humanista (CPH). Professora do Curso de Pós-Graduação em Psicologia Humanista-Existencial da Faculdade Pitágoras de Betim. Professora do Curso de Pós-graduação em Clínica Existencial e Humanista pelo Núcleo de Estudos em Psicologia (NEPSI) – Ipatinga. Membro da Comissão de Orientação em Psicologia Hospitalar e da Comissão de Orientação em Psicologia de Emergências e Desastres do CRP-MG. Supervisora em Psicologia Clínica e Hospitalar. Autora de vários capítulos publicados na área de Psicologia da Saúde e Hospitalar. eunice.ead@hotmail.com

Colaboradores

Ana Maria Sarmento Seiler Poelman

Psicóloga. Especialista em Psicologia pela PUCMinas (PREPES) e Psicologia Clínica pelo Conselho Federal de Psicologia (CFP). Professora titular aposentada da Faculdade de Psicologia da PUC-MINAS. Diretora Executiva do Instituto Humanista de Psicoterapia (IHP). Psicoterapeuta do IHP. Professora do Curso de Pós-graduação em Clínica Existencial e Humanista pelo Núcleo de Estudos em Psicologia (NEPSI) — Ipatinga. Supervisora em Psicologia Clínica. Rua Aristóteles Caldeira, 669, Barroca, Belo Horizonte, MG. anamariasp03@hotmail.com

Gisella Mouta Fadda

Psicóloga Clínica. Doutora em Psicologia como Profissão e Ciência (PUC-Campinas). Mestra em Psicologia (PUC-Campinas). Especialista em Psicoterapia Humanista/Fenomenológica/Existencial pela Universidade FUMEC (2013). Ministra aulas no curso de Fenomenologia, Psicopatologia e Saúde Mental ofertado pela Pós-Graduação Ciências Médicas de Minas Gerais e no curso de Pós-graduação em Psicoterapia Humanista Fenomenológico Existencial do Centro Universitário de Belo Horizonte (UniBH). Av. John Boyd Dunlop, S/N - Jardim Londres, Campinas - SP, CEP 13034-685. gisella.fadda@gmail.com

Rodrigo Mendes D'Angelis

Psiquiatra geral, da infância e adolescência. Título de Especialista em Psiquiatria pela ABP (Associação Brasileira de Psiquiatria). Diretor Técnico do Instituto Humanista de Psicoterapia (IHP) em Belo Horizonte - MG. Mestre em Saúde Coletiva: Políticas e Gestão em Saúde - UNICAMP. Especialização em Psicoterapia Humanista: Abordagem Centrada na Pessoa - Universidade FUMEC. Ministra aulas no curso de Fenomenologia, Psicopatologia e Saúde Mental ofertado pela Pós-Graduação Ciências Médicas de Minas Gerais e no curso de Pós-graduação em Psicoterapia Humanista Fenomenológico Existencial do Centro Universitário de Belo Horizonte (UniBH). Professor do curso de Especialização em Psicologia Humanista - ACP (Abordagem Centrada na Pessoa) em Brasília (Unepos) e de Cursos de Formação / ACP em Novo Hamburgo - RS (CIBES) e Belo Horizonte - MG (IHP). Rua Aristóteles Caldeira, 669, Barroca, Belo Horizonte, MG. rmdangelis@gmail.com

Vera Pouzas Torres

Psicóloga clínica e Home Care. Especialista em Psicoterapia Humanista/Existencial/Fenomenológica pela Universidade FUMEC. Psicóloga do Hospital na Residência – BH-MG. Rua Guajajaras, 910 – sala 510 – Centro, Belo Horizonte/MG, CEP 30180-100. vera.pouzas@yahoo.com.br

Anotações do leitor

Anotações do leitor

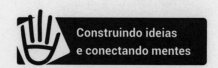

Este livro foi composto com tipografia Freight Text Pro
e impresso em papel Pólen Natural 80g.
na Gráfica Promove em março de 2023.